Wolf Wagner
Uni-Angst und Uni-Bluff
Rotbuch Taschenbuch 65

Wolf Wagner, geboren 1944, ist als Privatdozent für politische Wissenschaften an der FU Berlin und als Therapeut tätig. Als Rotbuch Taschenbuch 33 ist 1991 von ihm »Angst vor der Armut« erschienen.

Zu diesem Buch:
Seinen heimlichen Bestseller über das Wechselspiel zwischen Angst und Bluff an deutschen Universitäten hat Wolf Wagner 15 Jahre nach der Erstveröffentlichung neu geschrieben. Anlaß dazu bestand, denn die Rituale der Einschüchterung, die ein sinnvolles und befriedigendes Hochschulstudium blockieren, sind nach wie vor wirksam. Wagner verbindet die Analyse der Verformungen des akademischen Lebens mit Tips zum Überlebenstraining im universitären Dickicht. Pflichtlektüre für alle Erstsemester.

Wolf Wagner
Uni-Angst und Uni-Bluff

Wie studieren und
sich nicht verlieren

Vollständig
überarbeitete
Neuauflage

Rotbuch Verlag

DANKSAGUNG

Bedanken möchte ich mich für Unterstützung, Anregungen, Literaturhinweise und vor allem für die kritische Lektüre der verschiedenen Fassungen des Textes bei folgenden Personen, wobei die Verantwortung für alle Ausrutscher, Überspitzungen und Provokationen selbstverständlich die meinige bleibt: Helmut Adamaschek, Martin Bauer, Hans Flury, Andrea Frank, Marion Fuhrmann, Albrecht Funk, Stefan Goldmann, Peter Grottian, Dietrich Haensch, Willi Harder, Mariana Hausleitner, Susanne Heliosch, Pat Hermann, Ulrike Hill, Teresa Kulawik, Gaby Kunde, Gesa Lindemann, Kirsten Maas, Pascale Meyer, Renate Müller, Wolf-Dieter Narr, Bärbl Parson, Dörte Peter, Vera Rabelt, Christian Stock, Heidrun Uhler, Lars Vogelsang und Jochen Zoller.

1. Auflage 1992

Umschlaggestaltung von Michaela Booth
unter Verwendung einer Zeichnung von Gerhard Seyfried
Satzbearbeitung von Satzinform, Berlin
Druck und Bindung von Georg Wagner, Nördlingen

ISBN 3 88022 075 1

ERSTES KAPITEL
Das Problem

Der Titel »Uni-Angst und Uni-Bluff« gibt meine eigene Erfahrung mit der Universität wieder. Mein erster Kontakt mit ihr löste Gefühle aus, von denen ich damals nicht einmal ahnte, daß sie Ausdruck von Angst sein könnten. Was ich während der ersten Studienmonate spürte, war ein mir bis dahin unbekanntes Empfinden von Einsamkeit und Verlorenheit. Dafür schämte ich mich, denn mein Studienort war die Stadt, in der ich aufgewachsen bin, in der ich viele Menschen kannte.

Ich fühlte mich elend und erhaben zugleich. Elend, weil einsam und irgendwie ungenügend. Erhaben, weil ich jetzt einer von jenen war, zu denen ich all die Jahre aufgeschaut hatte. Endlich war ich ein Student – und wie zum Beweis dessen besuchte ich die anspruchsvollsten Lehrveranstaltungen. Ich war stolz auf meine Teilhabe an Gelehrsamkeit. Sie erfüllte mich mit einem Gefühl von Bedeutung, obwohl ich wenig verstand – manchmal nicht einmal das, worüber geredet wurde. Aber die Art, wie Worte, die ich wohl kannte, zu mir völlig unverständlichen Sätzen zusammengefügt werden konnten und wie andere darüber auch noch – offensichtlich verstehend – diskutierten, das faszinierte mich. Es erzeugte in mir Erschrecken und Bewunderung zugleich, einen neidvoll hilflosen Eindruck von einer für mich damals kaum erreichbaren, jedoch sehr erstrebenswerten Eleganz. Der Ausdruck von Präzision und Konzentration, der in den Gesten und Blicken der Redenden lag, schien mir zu zeigen, daß es um etwas Wertvolles und Bedeutendes ging, obwohl der Ton eigentlich unpathetisch, die Sprechweise eher trocken war. Die Redenden kamen mir wie Jongleure vor, denen es gelang, die glitzernden Teile ihrer Wortgeflechte in wirbelnder Schwebe zu halten, und die dabei den Anschein erweckten, als wäre das eigentlich ein noch ganz ungenügender und bloß erster Versuch. Diese Bescheidenheit dort, wo ich nicht einmal verstand, worum es ging, unterstrich für mich die Wichtigkeit dessen, was da verhandelt wurde. Die Unverständlichkeit selbst begann nach und nach für die Wichtigkeit des Gesagten und damit für die Bedeutsamkeit meiner Teilhabe am universitären Geschehen zu stehen. So erlag ich bald der Faszination des Unverständlichen. Verständliche Veranstaltungen kamen mir wie ein Rückfall in die Schule vor. Ich kritisierte sie heftig und von oben herab, nannte solche Seminare manchmal abschätzig »Kindergarten«. In den Veranstaltungen, wo ich wenig oder nichts verstand, saß ich dagegen ebenso aufmerksam wie gespannt und schrieb heftig mit. Auch ich wollte mit der Sprache jonglieren können. Ich wollte die Theorienetze, in denen sich – so schien es mir – die bedrohlich unverstandene Wirklichkeit fangen und bannen ließ, verstehen und solche Netze selbst flechten können.

Versuchte ich das aber in einer Veranstaltung, so fand ich mich plump und unbeholfen. Ging überhaupt jemand auf mich ein, dann mit Argumenten, die mich schamrot zurückließen, weil ich auch sie oft nicht verstand. Ich zog mich zurück und nahm mir vor, die Werke all derer zu lesen, deren Namen immer wieder auftauchten, damit ich bald mitreden könne. Doch beim Lesen verstand ich meist ebenso wenig. Und immer, wenn ich mich den schwierigen Büchern zuwandte, überfiel mich eine bisher nie gekannte, lähmende Müdigkeit. Es blieb mir kein anderer Weg zum Erlernen der neuen Sprache als das Üben bei Freunden in Situationen, in denen ich mich sicher wissen konnte vor den Wissenden, die mich hätten korrigieren können: im Café oder noch besser – bei Alkohol abends in der Kneipe, wo ich mich stark fühlte und sowieso keiner richtig zuhörte. Das war wohl meine erste Einübung im Uni-Bluff.

Mit dem Bluff als solchem hatte ich damals schon einige Erfahrung – vielleicht eine Voraussetzung dafür, daß ich irgendwann selbst merkte, was ich da tat, und dann darüber schreiben konnte: Als 12jähriger hatte ich angefangen, Waldhorn zu spielen, auf einem von der Schule gestellten Instrument. Auf diesem Horn war ein Ton, das »f«, so verzogen, daß er selbst von Könnern nicht sicher zu treffen war, wieviel weniger also von mir, dem Anfänger. Im Unterricht merkte es niemand, denn die Lehrer spielten, was ich zu spielen hatte, jeweils auf ihren Hörnern vor. Und klappte es bei mir wieder nicht, riefen sie immer gereizter: »Nein, nicht so! Sondern so!« Dann spielten sie auf ihren makellosen Solistenhörnern noch einmal den gleichen Lauf. Sie hatten es schwer mit mir. Im Blasorchester, dem ich angehören wollte, weil da meine Freunde waren und weil es so schöne Reisen umsonst gab, war es noch schlimmer. Der Dirigent unterbrach immer wieder mit: »Da stimmt was nicht!« Dann ließ er Instrumentengruppe nach Instrumentengruppe alleine spielen, bis er bei den Hörnern war. Die mußten dann einer nach dem anderen vorspielen, bis er mich hatte: »Wagner, deinen Ton! Das klingt ja wie ein BOSCHHORN!« Für mich Pubertierenden, nicht mehr Kind, aber auch noch nicht Erwachsenen und schon deshalb völlig verunsichert, war die Situation kaum zu ertragen. Aufhören wollte ich dennoch nicht, hatte ich mir die Erlaubnis doch daheim erkämpfen müssen, ein so wenig bildungsbürgerliches Instrument zu spielen. Auch auf die Orchesterreisen wollte ich nicht verzichten. Irgendwann kam mir die Idee, nicht mehr aufzufallen mit meinem Ton, indem ich keinen machte. Ich tat einfach nur noch so, als ob ich spielte, blies die Backen auf und bewegte mich wie die anderen in der Hörnergruppe, aber eben ohne Ton. Niemand hat das je bemerkt.

So lernte ich den Bluff schon früh kennen. Er bietet Sicherheit vor einer bedrohlichen Situation, treibt aber gleichzeitig in die Isolation gegenüber anderen und der Wirklichkeit. Denn ich mußte die Wahrheit – und damit mich selbst – verbergen. Wenn die anderen über das Musizieren sprachen, blieb ich stumm oder unbestimmt einsilbig. Damit behinderte mich der Bluff auch in meiner Weiterentwicklung. Weil ich mich per Bluff von der Wirklichkeit isolierte, konnte ich auch an der Wirklichkeit nichts lernen, keinen Realitätsgewinn verbuchen. Statt dessen setzte sich in mir die Überzeugung fest, daß ich zutiefst unmusikalisch sei. Nie wäre herausgekommen, daß die falschen Töne nicht an mir, sondern an meinem Instrument lagen, wenn nicht irgendwann aus buchhalterischen Gründen ein Schätzer mein Horn begutachtet und dabei auch gespielt hätte: »Fünf Mark Schrottwert! Es ist erstaunlich, daß der Junge darauf spielen konnte!«

Aus Mitleid kaufte mir meine Mutter für viel Geld ein neues Horn. Da ich nicht wagte, meinen Bluff aufzudecken, und in mir die Überzeugung von meiner Unfähigkeit schon tief verwurzelt war, bluffte ich weiter, bis ich irgendwann einen Anlaß zum Absprung fand und mit dem Musikmachen ganz aufhörte – für immer.

Mein zweites Bluff-Erlebnis war ganz anderer Art. Ich hatte es im mündlichen Abitur. Ein Staatsprüfer fragte mich im Fach Geschichte, ob der amerikanische Präsident bei einem Sowjetischen Raketenangriff entsprechend der Verfassung eine Kriegserklärung vom Kongreß einholen müsse. Eigentlich wußte ich dazu nicht mehr als aus der Zeitungslektüre. Doch aus der Fragestellung ging bereits hervor, daß die Antwort »nein« lauten mußte. Ein einfaches »Nein« schien mir aber nicht zu genügen. Also griff ich – ohne weiter nachzudenken – zu einem gewagten Bluff: »Nach der Retaliatory Blow Bill vom 28. Oktober 1958 muß er das nicht!« sagte ich – und bekam ohne zusätzliche Fragen und ohne Beratung eine »Eins«. Sowohl das Datum wie der Name waren frei erfunden. Daß keiner der Prüfer durch Zweifel oder Nachfragen zugeben würde, nicht so gut Bescheid zu wissen wie der Prüfling, hatte ich einfach unterstellt. Ganz zu recht, wie Verlauf und Ergebnis der Prüfung bewiesen.

Dieser zweite Bluff unterscheidet sich radikal vom ersten: anstatt sich aus Angst vor Fehlleistung anzupassen oder zu verbergen, geht er in die Offensive, setzt auf die Angst der anderen, um mit ihrer Hilfe das Feld zu behaupten. Beide Arten von Bluff traf ich an der Uni wieder und erlernte sie – auf viel höherem Niveau, versteht sich, und um viele Varianten bereichert.

Einübung des Uni-Bluffs

Davor aber lag eine lange Leidenszeit. Denn solange ich die Sprache nicht beherrschte, wagte ich selten, mich zu äußern. In den meisten Seminaren schwieg ich und litt darunter. Sagte ich etwas – mit feuchten Händen, klopfendem Herzen und zitternder Stimme – , dann nur, wenn ich mir meiner Sache ganz sicher war. So stellte ich Fragen, die keine Antwort suchten, sondern zeigten, wieviel ich wußte. Das war die universitäre Wiederholung des Horn-Blasens-ohne-Ton: ich fragte, ohne zu fragen. Mit einer echten Frage hätte ich gezeigt, daß ich tatsächlich etwas nicht wußte, was für meine Wahrnehmung das gleiche war, wie vor dem ganzen Orchester einen falschen Ton zu spielen. Diese Blamage wollte ich nie wieder erleben, weshalb ich alles tat, um eine Wiederholung zu vermeiden.

Später, als ich in der universitären Hierarchie aufgestiegen war, ersetzten dann theoretische Ausführungen – kleine Referate – die Fragen. Die Frage am Schluß erfüllte nur die Form, zeigte keinerlei Interesse an der Antwort, sondern war lediglich Anlaß und Aufhänger für das Ausbreiten der eigenen brillanten Kenntnisse und Theorien.

Während der ersten sechs Semester aber hatte ich noch zuviel Angst, um diese »Technik« anwenden zu können. Dafür wußte ich einfach zu wenig. Ich verfiel daher meist in die extremere Variante des Horn-Bluffs: ich saß da, machte wie die anderen ein klug-aufmerksames Gesicht und schwieg. Nur in wenigen Veranstaltungen gelang es mir, einen Redebeitrag zu formulieren. Ich weiß heute noch nicht, was sie von den Schweigeseminaren unterschied. Vielleicht war es purer Zufall, daß ich überhaupt einmal irgend etwas gesagt und damit eine Schwelle überschritten hatte, die mit jedem weiteren Satz niedriger wurde. Seltsamerweise ließ sich das nicht von einer Veranstaltung auf die andere übertragen. Während ich in manchen Seminaren reden konnte, ging es in anderen einfach nicht.

An Tagen mit Redeseminaren fühlte ich mich gut. Die Schweigetage hingegen machten mich deprimiert. Immer aber fühlte ich mich auf eine unerklärliche Weise einsam und verloren – so sehr, daß ich manchmal in der Bibliothek durch das Fenster schauend den Straßenfeger draußen um seine klar definierte, seine überschaubare Tätigkeit beneidete und mich an seine Stelle wünschte.

Anfangs erklärte ich mir diese Empfindungen damit, daß ich in den Vorlesungen und Seminaren niemand kannte, daß ich manchmal einen ganzen Tag an der Uni verbrachte, ohne mit jemandem zu reden. Doch später merkte ich: wenn ich mit Freunden in der Veranstaltung saß, war das Gefühl zwar weniger stark, aber es war dennoch da – wie ein Hintergrundgeräusch, das ich mit Witzen zu übertönen suchte. Saß ich zu Hause wieder allein vor den Büchern, überfiel mich das Gefühl erneut mit großer Macht.

Vielleicht wegen meiner Erfahrung mit dem Horn begegnete ich der Situation an der Universität, die ich als mindestens ebenso einschüchternd erlebte wie damals jene im Blasorchester, nicht nur mit Rückzug, sondern wagte es immer häufiger, mich in Veranstaltungen zu äußern. Um das Gefühl von Einsamkeit und Verlorenheit abzuwehren – ich spürte es weniger, wenn ich im Seminar etwas gesagt hatte –, griff ich manchmal sogar auf die offensive Bluff-Methode aus meinem Abitur zurück: Ich behauptete einfach, Hegel habe in seiner Ästhetik im zweiten Band gesagt ... wohl wissend, daß es kaum je-

mand wagen würde, zu sagen, »das kann nicht sein«. Oder ich nahm allgemeine, unwiderlegbare Formulierungen wie: »Empirische Untersuchungen aus den USA zeigen ...« oder : »Im allgemeinen kann gesagt werden, daß ...« Schön war auch die Formulierung: »Ich meine mich erinnern zu können, bei ... gelesen zu haben, wonach ...« So konnte ich meine eigenen Argumente mit einem großen Namen absichern, den niemand anzugreifen wagte. Es klappte derart gut, daß ich schließlich übermütig wurde und meine »Technik« an einem Philosophie-Professor versuchte: »Wie schon Rousseau mit *Zurück zur Natur* sagte, so ...« Der Professor aber hakte nach: »Wie meinen Sie das? Wo sagt denn Rousseau dieses *Zurück zur Natur*?« Ich stotterte herum und verfiel schließlich – mit roten Ohren – in ein Schweigen, das mich sehr an die Situation im Blasorchester erinnerte.
Beim nächsten Mal bemühte ich mich um unverbindlichere Formulierungen, die mir nicht zur Schlinge um den Hals werden konnten. Ich lernte Floskeln und Techniken (z.B. »Klar, habe ich das jetzt überspitzt, und man kann das auch anders sehen, aber ...«), mit deren Hilfe ich mich kritischen Nachfragen entziehen konnte. Ich beobachtete die Gesichter der anderen Redenden und dasjenige des Dozenten. Jedes Augenbrauenzucken oder bedenkliche Kopfwiegen ließ mich das eben Gesagte wieder zurücknehmen, einschränken oder als auf wenige Fälle beschränkt qualifizieren. Es war ein schwieriger Anpassungsprozeß, denn von der Bedeutung vieler Wörter, die ich nun selbst benutzte, hatte ich nur eine vage Ahnung. Oft kam ich mir wie ein Pilot im Blindflug vor, der nichts von der Wirklichkeit draußen sieht und das Flugzeug nur nach der Anzeige seiner Instrumente steuert, sogar landet. Ganz ähnlich hatte auch ich keine Möglichkeit, selbst zu entscheiden, ob ich etwas Richtiges sagte. Statt dessen richtete ich mich nach den Gesichtern der Dozenten und Vielredner, las an ihnen ab, ob akzeptabel war, was ich sagte. So steuerte ich meinen Redebeitrag wie in einem Sicherheitskorridor zwischen den mimischen Warnsignalen hindurch auf einen Kurs

sprachlicher Anpassung. So lernte ich mit der Zeit die universitäre Sprache.

Jahre später, inzwischen war ich schon Assistent, unterhielt ich mich mit einem »meiner« Studenten beim Warten auf die U-Bahn und erkannte mich – mein vormaliges Ich – in seiner vorsichtig tastenden Sprechweise wieder: voller Fremdwörter über schwierigste Themen redend und sofort auf jeden skeptischen Blick von mir mit stotternden Relativierungen reagierend. Diese Art Schlittschuhlaufen auf dünnem Eis, das kannte ich irgendwoher. Und beim Zuschauen fiel mir mein Studienanfang wieder ein, die Anstrengung und Angst, die damit verbunden waren. Jene Situation an der U-Bahn war damals der Anstoß zu einem Nachdenken, das schließlich zu diesem Buch geführt hat. So kann ich heute – insbesondere dank der Beobachtung meiner eigenen Praxis – die Merkmale der damals erlernten Sprachspiele beschreiben.

Einige Merkmale der Wissenschaftssprache

Die universitäre Sprache unterscheidet sich radikal von unserer alltäglichen Umgangssprache. Höchstens die Sprache der Bürokratie kommt ihr nahe, wohl weil sie ebenfalls ein Mittel der scheinbar unpersönlichen Herrschaft ist. Ihre Merkmale sind ausgeprägter, wenn sie geschrieben wird. Aber auch beim Sprechen, selbst bei kleinen Gesprächen in der Cafeteria, tauchen ihre hervorstechenden Eigenschaften immer wieder auf.

Sie ist vor allem unpersönlich. Das »ich« kommt kaum vor. »Man« geht gerade noch, ist heute aber aus geschlechtsparitätischen Gründen etwas verpönt. Manche benutzen »wir«, einfach so – statt des »ich« – auch in subjektiv gemeinten Sätzen. Andere packen in das »wir« ganz ungefragt die Leserinnen und Leser hinein, so, als ob sie jeden Schritt der Argumentation solidarisch, freudig und Arm-in-Arm mitmachen würden (»und so kommen wir zu dem Schluß, daß ...«). Meistens aber haben die Sätze gar kein Subjekt, als ob sich die Erkenntnis selbst erzeuge ohne Mitwirkung irgendwelcher Personen. Da ist dann die Rede vom »Diskurs«, vom »Forschungsstand«, von »der Literatur« (als ob die sich selbst schriebe), »nach neuesten Erkenntnissen« (als ob die sich selbst dächten) oder ähnlichem. Um diese Austreibung der Menschen als Subjekte des Denkens und Erkennens aus der Wissenschaftssprache durchzuhalten, greifen die Autorinnen und Autoren zu Passiv-Konstruktionen, Umschreibungen und Floskeln, die beim Lesen ein Gefühl der Zwanghaftigkeit vermitteln, so, als ob der Gedankengang mit der Unvermeidlichkeit eines Naturereignisses ablaufe, als käme die Wahrheit selbst daher.

Statt des schreibenden oder sprechenden Subjektes tauchen die Namen anderer auf. Dabei gibt es zwei Arten von Namensnennungen. Die eine erwähnt nur Berühmtheiten, auf die sich die Autorinnen und Autoren stützen als Kronzeugen und Ausweise für die Hoffähigkeit ihrer Argumentation. Sie werden meist nur mit dem Nachnamen erwähnt – beinahe so wie einst in der Schule (»Wagner, stehen Sie auf!«). Bei den ganz berühmten wird auch kein Werk angegeben. Es heißt dann einfach: »Einstein sagte bekanntlich«. Auch dort, wo das »bekanntlich« nicht steht, wird immer so getan, als ob ganz klar wäre, was die Berühmtheit meint, und als ob die eigene Lesart vom berühmten Autor abgesegnet wäre. Auf mich wirken diese »heiligen« Namen wie die Türme und Läufer im Schachspiel: Sie sind strategische Figuren im Hintergrund, die große Flächen und Linien auf Entfernung kontrollieren und sichern können. Fürs Handgemenge, wie die Springer und Bauern, sind sie nicht geeignet. Frauen, ob berühmt oder nicht, werden immer mit Vornamen, oder mit »die« genannt. Sonst gilt die Erwähnung des Vornamens als Einstufung in die Klasse der Bauern und Springer im Wissenschaftspiel: Sie werden über Eck eingesetzt, im Vorübergehen geschlagen, geopfert oder sichern als zusammenhängende Reihen (Zitatenkette) die Stellungen. Um die Analogie zu Ende zu führen: Die Dame im Spiel, der Star, das soll natürlich der eigene, originelle Gedanke sein. Deshalb werden die Namen von Autorinnen oder Autoren, die eigentlich dorthin gehören, häufig verschwiegen oder für Nebensachen zitiert, gelobt oder gar kritisiert.

Die gesprochene Wissenschaftssprache ist gekennzeichnet durch verdrehte Konjunktive, mit denen sich die Sprecherinnen und Sprecher von dem distanzieren, was sie gerade eben sagen: »ich würde sagen (oder gar: meinen) wollen, daß ...« klingt, als ob eigentlich niemand redet, wenn aber jemand reden würde, dann ... Die dazugehörige Körpersprache ist ebenso voller Signale, die anzeigen, daß die redende Person eigentlich nicht richtig da ist: Blick ins Leere, nach innen, wie auf die Bibliotheken von Wissen gewandt, aus denen es auszuwählen gilt; zögerlich gewählte Worte mit »ähms« und »ahhs« unterbrochen, spitzmündig angestrengt, mit geistig abgespreiztem kleinen Finger.

Ein weiterer charakteristischer Unterschied zur Alltagssprache ist eine Kompliziertheit des Redens, die nicht etwa der Schwierigkeit des Gedankens oder der Sache entspringt. Meist entsteht sie dadurch, daß vor dem Argument, das ausgesagt und begründet werden soll, schon alle möglichen Gegenargumente – ohne sie zu nennen, versteht sich – widerlegt werden. Diese eingeflochtenen Nebenschachtelsätze (»wobei hier nicht der poststrukturalistischen Wende das Wort geredet werden soll, aber ...«) scheinen einem Diskussionsbeitrag erst die höheren Weihen zu geben.

Dies alles sind Erscheinungsweisen der universitären Sprache noch vor jedem Inhalt. Als auftrumpfende Angstabwehr – wie damals bei mir im Abitur – haben sie selbst dann den Charakter von Bluff, wenn inhaltlich kein Bluff nachzuweisen ist, wenn die Inhalte stimmen, wenn sie in jedem Punkt belegt oder unstrittig sind. Auch wenn der Schreibende oder Redende es gar nicht beabsichtigt hat, so übt die gewählte Sprache doch die Funktion aus, kritische Einwände oder gar Widerspruch von vornherein zu entmutigen.

Diese Funktion war mir bereits am Anfang meines Studiums auf eine untergründige Art deutlich. Das äußerte sich darin, wie ich es genoß, neue Fremdwörter, eben erst gelernt, in meine Sätze einfließen zu lassen. Hatte ich die Wahl zwischen einem Fremdwort und dem Deutschen, zwischen einer unpersönlich komplizierten und einer direkten Sprechweise, griff ich mit Vorliebe zur komplizierten und ließ mir die schwierigen Wörter auf der Zunge zergehen. Zum Teil waren das Fachwörter, deren flüssige Benutzung mir wie ein Ausweis der Zugehörigkeit zur Wissenschaft erschien. Häufig passierte, was Helmut Seiffert in einem Essay über »Die Sprache der Wissenschaftler als Imponiergehabe« beschrieben hat: »Man tut so, als ob Innovation etwas anderes sei als Neuerung und rigide etwas anderes als starr. Man unterschlägt also, bewußt oder unbewußt, die schlichte Synonymität (Bedeutungsgleichheit, W.W.) der Wortpaare, dic jedem Übersetzer geläufig ist, und tut so, als könne man mit Innovation und rigide atemberaubend neue Sachverhalte bezeichnen.«[1] Das war für mich Wirklichkeit: das Fremdwort stellte mehr dar und hatte tatsächlich eine andere und größere Bedeutung. Denn das Fremdwort trug – obwohl oft bedeutungsgleich – mit seinem Klang den Verweis auf den universitären Zusammenhang, aus dem es stammte, und wurde so zum Nachweis meiner eigenen Verbundenheit mit Wissenschaft und großer Theorie – vor allem für mich selbst. Seine Verwendung wertete mich auf und bezeichnete tatsächlich einen für mich »atemberaubend neuen Sachverhalt«.
Auch bei den Inhalten spürte ich eine Art Selbstgenuß, wann immer ich mich im Bereich schwieriger, von mir selbst nicht ganz begriffener Theorien bewegte. Ich lernte die vage Ahnung, die ich durchaus hatte, von deren Inhalt und Stoßrichtung so auszudrücken, daß ich selbst das sichere Gefühl bekam, ich wisse, worum es an der vordersten Front schwierigster Theoriebildung eigentlich geht.

Bei alledem kam ich voran in der Uni. Professoren wurden auf mich aufmerksam. Ich schrieb viele Arbeiten, meist zu schwierigen Themen. Ich las dazu alles, was zu haben war, so lange, bis sich die Argumente wiederholten. Dabei entwickelte ich Selbstsicherheit: viele Bücher waren schlecht, waren wässriger Aufguß anderswo gelesener Gedanken. Besonders Doktorarbeiten waren oft ohne eigenen Saft und ohne eigene Kraft.

Mit der Zeit lernte ich so viel, daß ich auch die schwierigsten Texte entschlüsseln konnte. Dabei bemerkte ich, daß Texte, die ich zuvor für puren Bluff gehalten hatte, sich bei genauem Lesen oft als besonders fruchtbar herausstellten. Ich nahm ihnen zwar immer noch ihre unnötig schwierige Sprache übel und glaube auch heute noch, daß sie zum Teil Bluff-Funktion hat. Aber ich mußte erkennen, daß es erst möglich ist, einen Text als Bluff zu bezeichnen, wenn man ihn verstanden hat. Denn erst dann ist entscheidbar, ob er trotz seiner Sprache wirklich etwas erklärt oder nicht.

Entscheidend aber war beim Lesen, ob ich den Eindruck hatte, daß sich jemand vom Thema hatte berühren lassen, von der eigenen These überzeugt und begeistert war, daß sich jemand auf die Details des Themas eingelassen hatte. Ob sich jemand mit den aus einem Gegenstand gewonnenen Abstraktionen auch wieder auf die Konkretheit des Gegenstandes einließ, war ausschlaggebend. Dann gab es nicht den sprachlichen Leerlauf, die Umständlichkeiten, die verselbständigten Abstraktionen, das Ausruhen auf Zitaten, das immer wieder neu gedroschene Stroh, das ich sowohl aus so vielen Aufsätzen und Büchern wie aus meinen eigenen, nur für den Seminar-Schein unlustig geschriebenen Referaten kannte.

Gute Bücher und Aufsätze bringen Leben in ihren Gegenstand. In ihnen kommt Wirklichkeit, Erfahrung und Auseinandersetzung zum Ausdruck. Solche Texte zu lesen, begeisterte mich und machte Themengebiete für mich interessant, an denen ich zuvor beinahe verzweifelt war. Dann konnte ich in der Wissenschaft aufgehen, sie schien mir die Welt und meine Stellung in ihr Stück für Stück erklären zu können. Manchmal geriet ich in einen richtigen Lernrausch mit nächtelangem Lesen und Schreiben.

Doch wenn ich eine Hausarbeit oder ein Referat zu verfassen hatte, trockneten mir die Gedanken ein. Die Lust versackte, und Wissenschaft wurde so mühsam wie langweilig. Ich hatte dabei den Dozenten oder die Dozentin im Kopf und versuchte, eine Sprache zu finden, die ihren Anforderungen entsprechen könnte. In der Bemühung um Wissenschaftlichkeit schien es nicht mehr zu genügen, daß Theorien etwas sinnvoll erklärten und in sich stimmig waren. Wissenschaft bedeutete für mich zuerst und vor allem Kritik. Und deshalb schaute ich im Seminar und beim Schreiben nur nach den Schwächen, nie nach den Stärken einer Theorie. Das hatte manchmal auch sein Gutes, verschaffte es mir doch ein Gefühl von Überlegenheit. Für mein Referat mußte ich allerdings mit der gleichen Behandlung rechnen. Folglich fing die Arbeit daran schon mit Angst an – ohne daß ich dies bemerkte. Denn Angst, die hatten andere, nicht ich. Ich suchte mein Referat unangreifbar zu machen und gab deshalb für die Zeit der Arbeit am Referat alle Lust an eigenem Verstehen und Erklären auf. Statt dessen schlug ich den sichersten Weg ein: ich führte andere Positionen vor, um sie in Grund und Boden zu kritisieren.

Dennoch lernte ich viel und kam voran – vielleicht gerade deshalb. Denn wenn mich jemand angriff oder sich überlegen gab, konnte ich mich immer besser schützen, mich sprachlich unverwundbar machen, meine Angst verbergen (auch vor mir selbst) und eine wissende, erfolgszuversichtliche und methodensichere Fassade präsentieren. Ich diplomierte, wurde Assistent, promovierte, wurde Assistenzprofessor und habilitierte mit Bravour.

Bei allem äußeren Erfolg ging das Gefühl der Fremdheit nie verloren. Es steigerte sich sogar – nur gelang es mir besser, auch das vor mir selbst zu verbergen. Doch

manchmal – nach 15 Jahren Universität – fühlte ich mitten unter den vielen Menschen, die ich seit Jahren kannte, die gleiche seltsame, unerklärliche Einsamkeit und Verlorenheit meines Studienbeginns. Zwar konnte ich sie meist wegschieben. Aber immer wieder brach sie durch. Manchmal war es wie ein Gefühl von Unwirklichkeit. Dann schien mir der ganze Uni-Betrieb ein Theater der angestrengten Lebensverneinung zu sein. Vor lauter Wissenschaftlichkeit und Kritik hatten die Menschen, Lehrende wie Studierende, den Kontakt zur Wirklichkeit, zum Stoff ihres Nachdenkens, verloren. Alles, was sie mit ihrer Wissenschaftlichkeit berührten, vertrocknete ihnen unter den Händen, verlor seine Lebendigkeit, sammelte Staub an und wurde zum Beleg. Jedes Thema, jede Lehrveranstaltung, noch so spannend formuliert und begonnen, sackte nach spätestens sechs Wochen in Unlust und Langeweile ab.
Aber nicht nur das. Die Dozentinnen und Dozenten um mich her – mich eingeschlossen – hatten auch den inhaltlichen Kontakt zueinander verloren: Weder redeten sie miteinander über das, was sie als Wissenschaftlerinnen und Wissenschaftler taten, noch lasen sie gegenseitig ihre Aufsätze und Bücher. Es gab nirgendwo das Bemühen, ein wirkliches und wichtiges inhaltliches Problem gemeinsam zu lösen. Statt dessen schotteten sie sich voneinander ab, lauerten auf die Schwächen der anderen, lästerten vom Hörensagen, waren immer gierig auf Klatsch, der niedermacht, und stritten sich um Mittel und Stellen.
Ich machte mit und merkte nur manchmal, daß ich mit dem Kontakt zum Stoff und zu den anderen auch den Kontakt zu mir selbst zu verlieren drohte. Wie ein Blitz aus heiterem Himmel überfiel mich gelegentlich der Gedanke, daß alles, was ich als Dozent tat, unwirklich war und an den Erfordernissen der Welt und den Bedürfnissen der Studierenden vorbeiging, daß ich eigentlich keine Ahnung hatte, von dem, worüber ich ständig schrieb und redete. Mir schien dann, daß alle anderen zu Recht da wären, daß sie ihren Platz an der Uni verdient hätten.

Nur ich sei eine Fälschung, deren für alle beschämende Entlarvung im nächsten Augenblick anstünde.
In solchen Momenten, von denen ich fürchtete, sie seien Momente der Wahrheit, tröstete ich mich schnell, indem ich mich an meine doch unzweifelhaften Erfolge und Leistungen erinnerte: die Bücher, die ich geschrieben hatte, die Titel, die ich erworben hatte, das Lob »meiner« Studentinnen und Studenten. Aber auf die Dauer half das nicht, und so verließ ich die Universität – mit ein wenig Erleichterung und ein wenig Wehmut.
Mit einem Bein bin ich jedoch in der Universität geblieben: die Lehre hatte mir immer am meisten Freude gemacht, also behielt ich meinen Titel »Privatdozent« bei und mit ihm die Verpflichtung, pro Semester eine einstündige Lehrveranstaltung zu halten. Mit dem zeitlichen Abstand zur Universität wuchs die Wehmut, und die Erleichterung wurde zur Pose. Ich wollte zurück an die Hochschule. Freilich fürchtete ich, wieder in die gleiche Misere zu geraten: daß mir die spannendsten Themen und Gegenstände, sobald ich sie wissenschaftlich-universitär berührte, zur leblos-langweiligen Mumie vertrockneten, daß ich mir selbst fehl am Platz vorkäme, wie immer ich mich auch bemühte, und daß ich meinte, mich gegen die anderen Menschen an der Uni schützend abkapseln zu müssen. Deshalb unternehme ich mit diesem Büchlein den Versuch zu klären, wie sich die dreifache Entfremdung, vom Stoff, von den anderen und von sich selbst, an der Universität immer wieder neu herstellt und wie sie – wenn überhaupt – vermieden werden kann.

Lassen sich meine Erfahrungen verallgemeinern?

Dazu muß ich jedoch zuerst anhand der Literatur nachprüfen, ob meine Erfahrungen überhaupt auf andere, insbesondere heutige Studentinnen und Studenten übertragen werden können, ob in ihnen ein allgemeines und nicht bloß mein persönliches Problem steckt. Ganz offensichtlich sind nur Teile meiner Erfahrung übertragbar, denn ich bin zum Beispiel früh in die Offensive gegangen, habe mich an die Anforderungen der Uni angepaßt und Karriere gemacht. Andere erleben die Universität anders und reagieren auch anders auf sie. Sie ziehen sich zurück, arbeiten im verborgenen oder entschließen sich zum Abbruch des Studiums. Wo ich zum Einzelkämpfer wurde, schließen sich andere mit Freundinnen und Freunden zusammen, arbeiten zufriedenstellend in einer Gruppe fernab von der Universität und sehen keine Notwendigkeit, sich jemals in Lehrveranstaltungen zu äußern. Unterschiedliche Reaktionen müssen aber nicht auf unterschiedliche Probleme verweisen. Sie können auch Reaktionen auf das gleiche, gemeinsame Problem sein. Daß dies tatsächlich bei den verschiedensten Reaktionen der Fall ist, will ich im folgenden nachweisen.

Glücklicherweise gibt es dazu seit Mitte der fünfziger Jahre eine Flut von Daten. Ihre Auswertung führt zu dem erstaunlichen Ergebnis, daß sich die Grundeinstellungen der Studentinnen und Studenten zur Universität in der ganzen Zeit kaum verändert haben. So sehr sich die politischen Ansichten, die wissenschaftlichen Inhalte und die äußeren Studienbedingungen gewandelt haben, trotz Massenuniversität und Computerzeitalter klagen die Studentinnen und Studenten bei Befragungen heute über die gleichen Probleme wie in den fünfziger Jahren. Eine Forschungsgruppe stellt im Auftrag des Bundesministers für Bildung und Wissenschaft regelmäßig Befragungen an. Ihr Fazit: »Die Anonymität hat sich seit den fünfziger Jahren als primäres Charakteristikum der Hochschulumwelt nicht geändert, weder der Intensität noch der Verteilung nach.«[2] Dennoch schätzen die meisten Studierenden (über 80%) ihr Studium als ein Privileg, das ihnen mehr Freiheit und Selbstbestimmung ermöglicht als anderen Gleichaltrigen und das ihnen zu weiteren Privilegien verhelfen wird.[3]

Von denselben Studentinnen und Studenten – nach eigenen Angaben privilegiert und »sehr gern Student« – geben aber mehr als die Hälfte an, sie seien durch »persönliche Probleme (wie z.B. Ängste, Depressionen)« belastet, 15% sogar »stark belastet«.[4] Das ist erstaunlich, denn in Umfragen neigen Menschen eher dazu, Probleme herunterzuspielen und alles in rosigem Licht zu sehen. So verbirgt sich hinter der angeblichen Zufriedenheit ein anderes, viel differenzierteres Bild.

Zwar begeben sich nur etwa 6% aller Studierenden in psychotherapeutische Behandlung.[5] Das bedeutet aber keineswegs, daß die von ihnen geschilderten Probleme nur bei ihnen auftreten würden. Die Befragung legt vielmehr die Vermutung nahe, daß weit mehr als die Hälfte aller Studierenden davon betroffen ist: »Geklagt wird z.B. über Verstimmbarkeit und Erschöpfbarkeit bei Konzentrationsaufgaben; über Kopfschmerzen, Schwindel und Schweißausbruch bei der Lektüre von Lehrbüchern, über Unrast, Merkfähigkeitseinbuße, Lustlosigkeit, allgemeine Mattigkeit und Schlafbeeinträchtigung. Man könne es alleine in seiner Bude nicht mehr aushalten, die Decke stürze ein, man brauche Menschen um sich oder Musik. Andere spüren keinen Antrieb mehr, erwachen morgens bleischwer, bleiben lange liegen und ziehen sich am Abend bald wieder mit schlechtem Gewissen ins Bett zurück, weil sie den Tag hindurch nichts hinter sich bringen konnten. Die Zukunft bedrückt sie wie ein Berg. Häufig ist das Gefühl der Sinnlosigkeit, der allgemeinen tiefen Skepsis über den Zweck und die Verwendungsmöglichkeiten des aufgespeicherten Wissensstoffes, dessen gesellschaftliche Nutzanwendung dunkel blieb. Der Einstieg in komplexere Fachprobleme gelingt dann immer schwerer und unwilliger; die innere Distanz zum Studienobjekt wächst und lähmt dann das Engagement, sich mit innerer Anteilnahme einem mühsamen Lernprozeß hinzugeben, der in die Irre zu führen droht.«[6]

Die von mir erlebte Entfremdung vom Stoff ist demnach nicht nur ein Resultat meiner spezifischen Reaktionsweise auf die universitäre Herausforderung. Das wird noch deutlicher in folgendem Zitat einer Diplomandin, die nicht wie ich per Bluff, sondern – wie sonst Studentinnen auch häufiger als Studenten – mit Rückzug reagierte: »Ich kann einfach nicht mehr arbeiten. Wenn ich am Schreibtisch sitze, fällt mir ständig ein, was ich alles tun muß. So wie meine Betreuer sich das vorstellen, kann ich das sowieso nicht. Ich kann einfach nicht so theoretisch denken. Dabei hat mich das Thema wirklich interessiert. Wenn ich dann einen Tag mit dem Hin und Her verbracht habe, bin ich völlig aufgelöst und nervös und kann auch nicht mehr schlafen. Ich frag' mich auch, was das Ganze soll. Ich will nach dem Diplom nicht *soziologisch* arbeiten ... Und selbst wenn, eine Stelle ist sowieso nicht zu finden. Aber einfach aufgeben, nachdem ich so lange studiert habe ...«[7]

Ganz allgemein zeigen Studierende im Vergleich zu nicht-studentischen Gruppen in empirischen Untersuchungen der Psychologie höhere Angstwerte und eine erhöhte Neigung zu Depressivität (und zwar bei Studentinnen mehr noch als bei Studenten).[8] Besonders erschreckend drückt sich das in der größeren Häufigkeit von versuchten und vollzogenen Selbstmorden bei Studierenden aus (auch hier bei Studentinnen mehr als bei Studenten). Die Zahl ist ungleich höher als in der sonstigen Bevölkerung gleichen Alters.[9] In einer Studie über die psychosoziale Lage an der Universität werden als häufigste Symptome Beziehungs- und Kontaktstörungen, Depressivität und Arbeitsstörungen genannt.

Die Entfremdung unter den Mitgliedern der Universität, wie ich sie erlebt habe, ist nach den Beobachtungen der Autoren dieser Studie an der Universität weit verbreitet: »Jeder, der die Universität – zumal Problemfachbereiche – von innen kennt, weiß, daß diese Symptome nicht nur solche von 2–6% der Studierenden sind, sondern, daß ganze Seminare und Fachbereiche ein von diesen *Störungen* bestimmtes psychosoziales Klima haben können.«[10]

Solche Symptome entwickeln sich aus den vielfältig beklagten Orientierungsproblemen, der Anonymität und der »emotionalen Verarmung von universitären Kontakten«.[11]

Die dritte Form der Entfremdung, die Selbstentfremdung, wie ich sie an mir erlebt habe, läßt sich ebenfalls als ein allgemeines Problem für die Universität statistisch nachweisen: in der häufigeren Depressivität bei Studierenden.[12] Dafür kann folgender Bericht einer Studentin stehen: »In der Uni fühl' ich mich immer allein, obwohl alles voller Leute ist. Selbst wenn ich könnte, bliebe keine Zeit, auf andere zuzugehen. Alles geht so schnell. Überall gibt es schon fertige Gruppen. Geredet wird immer über irgend etwas Wissenschaftliches. Zuhause sind meine Beziehungen über Schule gelaufen. Wir haben viel über uns geredet, andere Sachen zusammen gemacht. Oft komm' ich gar nicht an die Uni. Dies Gefühl, keine Luft mehr zu kriegen ...«[13]

Es ist kein Zufall, daß ich auch mit dem nächsten Beispiel auf den Bericht einer Studentin zurückgreife. Von Studenten finden sich kaum Darstellungen ihrer Erfahrung mit der Universität. Frauen sind wohl eher bereit, ihr Empfinden wahrzunehmen und in den Mittelpunkt ihrer Darstellung zu rücken. Dafür sei ein Beispiel angeführt, das die Schwierigkeiten veranschaulicht, in Lehrveranstaltungen das Wort zu ergreifen: »Ich fange an, mir meine Gedanken vorzuformulieren. Ich kann gar nicht mehr zuhören vor lauter Aufregung. (...) Ich denke, so, jetzt, jetzt, jetzt. Ich sage es nicht. Jetzt – ich kann es nicht sagen. (...) Ich ärgere mich. Ich will mich in den Griff kriegen. Mein Gott, ich bin doch kein blutiger Anfänger. Ich möchte wissen, was sie über mich denken, so wie ich hier herumsitze. Ob die mich für doof halten. Mir fallen Situationen ein, in denen ich mitgearbeitet habe. Situationen in kleineren Arbeitsgruppen, in denen ich teilweise sogar dominiert habe. Da ist mir eine Idee gekommen und ich habe sie gesagt, ganz impulsiv.«[14]

Solche Ängste gibt es auch in anderen gesellschaftlichen Bereichen, etwa am Anfang einer Lehre oder beim Eintritt in eine neue Firma. Im Unterschied zu dort nehmen sie an der Universität aber mit der Zeit nicht ab, sondern sogar noch zu. Die Konstanzer Forschungsgruppe: »Folgt man den Urteilen der Studierenden, so werden

Defizite (...) im Studienverlauf nicht aufgehoben, sondern treten eher deutlicher hervor.«[15] Und die intellektuelle Neugier – die große Chance der Universität – wächst nicht etwa im Laufe des Studiums, sondern stagniert oder geht gar zurück.[16]

Von den meisten Studierenden wird also die universitäre Situation ähnlich zwiespältig wahrgenommen, wie ich sie erlebt und geschildert habe, wenn sie auch unterschiedlich darauf reagieren. Da gibt es Erfahrungen gelungenen Lernens voller Neugier, Spannung und Freude am Stoff, Situationen, in denen das Gespräch zur gemeinsamen Arbeit an einem Problem wird und jeder Einwand, jeder neue Gedanke, jede Ergänzung als ein Schritt zur Lösung freudig und mit spielerischem Vergnügen begrüßt wird. Aber immer wieder – und mit fortschreitendem Studium immer häufiger und dominanter – lagert sich eine seltsam mehlige, verstaubte Fremdheit über den Stoff. Freude, Neugier und das spielerische Vergnügen versacken in erstickender Konkurrenz, Angestrengtheit, Depressivität und anderen Formen der Angstabwehr.

Bodo von Greiff hat diesen Zustand sehr treffend so beschrieben: »nirgends wird die Energie und intellektuelle Neugier des jungen Erwachsenen gleichzeitig so stimuliert und unbefriedigt gelassen, nirgendwo auch ist das staatliche Bedienungspersonal des Apparats so gebeutelt zwischen der Furcht vor Nichtigkeit und dem Wunsch nach Größe.«[17]

Klaus Heinrich, einer der Gründer der Freien Universität in Berlin und heute dort Professor für Religionswissenschaft, benennt als Aufgabe der Universität: »der Gesellschaft das Bewußtsein ihrer selbst zu geben«. Diese Aufgabe ist aus seiner Sicht »der institutionellen Geistlosigkeit der Universität zum Opfer gefallen«[18], einem Prozeß, den er in ein provozierendes Bild faßt: Er spricht in diesem Zusammenhang von der »Enterotisierung des Verhältnisses zur Universität«.[19]

Wenn ich von Neugier spreche, von der Freude am Stoff, am Entdecken und Erklären, der Begeisterung am Ler-

nen und Forschen, dann drückt sich für mich darin ein erotisches Verhältnis zur Universität aus. Dafür ist sie eigentlich bestimmt. Das könnte und sollte eine Hochschule eigentlich herstellen.
Manchmal, in Sternstunden, leistet sie es auch. Aber meistens produziert sie das Gegenteil ihrer Zwecksetzung: Statt *universitas* Zersplitterung, statt Neugier verstaubte Langeweile, statt Kommunikation Isolierung. Wo die Gründe liegen, ist die Frage, die ich in den folgenden Kapiteln beantworten will, damit im Schlußkapitel über eine Gegenstrategie nachgedacht werden kann.

ZUSAMMENFASSUNG

Eigentlich sollte die Universität die Möglichkeit bieten, zusammen mit anderen interessante Fragen zu untersuchen und in neugierigem Lernen die Welt und die eigenen Stellung in ihr besser zu verstehen. Das Problem besteht darin, daß solches Versprechen an der Universität kaum einzulösen ist, daß die universitäre Art, mit Problemen umzugehen, das Interesse vielmehr abtötet, die Neugier eintrocknet und das inhaltliche Gespräch verhindert. Sie produziert Angst, Einsamkeit und Langeweile. Sie entfremdet die Studierenden und Lehrenden vom Stoff, von sich selbst und voneinander.
Im Studienverlauf verschärft sich das Problem, statt sich -wie tendenziell in anderen Institutionen – abzumildern. Studentinnen und Studenten reagieren auf diese Situation jeweils unterschiedlich: manche mit Depressionen, andere mit Studienabbruch, wieder andere mit Rückzug in die Unauffälligkeit und manche – wie ich – mit auftrumpfendem Bluff. Die Schwierigkeit, die sie mit solchen unterschiedlichen Reaktionsweisen zu bewältigen suchen, ist aber immer die gleiche: Angst vor der Abwertung als Nichtwissende.

ZWEITES KAPITEL
Der wertende Vergleich

Abwertung ist nur dort möglich, wo sich Menschen sowieso schon bewerten. Sie vergleichen sich anhand eines inneren Wertmaßstabes und stufen sich, bezogen auf ihn, als höher- oder niederwertig, als unter- oder überlegen ein. Auf diese Praxis im zwischenmenschlichen Umgang nimmt die Rede vom »Selbstwert« oder gar »Selbstwertgefühl« Bezug. Wo es direkt und ohne Vergleich um eigene Interessen und Bedürfnisse geht, gibt es keine Bewertung. Da stehen inhaltliche Fragen im Vordergrund: angenehme oder ablehnende Gefühle, Mangel oder Sättigung, aber kein »Wert«.

Wo Verhaltensweisen auf eine gesellschaftliche Ranghierarchie bezogen werden, ist eine Skala wirksam, an der dann auch die eigene Person gemessen wird. Fällt der Vergleich zu deren Ungunsten aus, wird die eigene Person als unterlegen eingestuft, muß alles getan werden, um so zu werden wie die Überlegenen, damit der »Selbstwert« wieder stimmt. Das Resultat ist Anpassung.

Es wäre naheliegend, die Untersuchung der Universität mit einer umfassenden Kritik der Institution zu beginnen. Damit würde aber die Illusion geschaffen, das Problem sei allein durch innere Verhältnisse der Hochschule verursacht. Die Studentinnen und Studenten würden so zu bloßen Opfern der Institution. Nur sie bräuchte sich zu ändern, und alles wäre gut.

Das wäre aber nicht nur falsch, denn eine Institution kann Menschen nur so weit beeinflußen, wie sie bereit sind, sich anzupassen. Sondern es würde auch hilflos machen, denn die Institution ist zweifellos schwieriger zu ändern als das eigene Verhalten.

Die Bereitschaft zur Anpassung ist also die eine Seite, die

Institution selbst die andere Seite des zu behandelnden Problems. Die These, die ich in diesem Kapitel erläutern will, lautet demnach: erst das Denken über sich im wertenden Vergleich mit anderen erzeugt den Anpassungsdruck, der die institutionellen Mechanismen der Universität wirksam werden läßt.

Dieses Denken ist keineswegs auf die Universität beschränkt. Die Anpassung an als überlegen Wahrgenommene ist so allgemein verbreitet, daß der Sozialwissenschaftler Norbert Elias sogar die Entwicklung der Zivilisation in Westeuropa damit erklären kann. Die Regeln des Alltagsverhaltens, des »guten Benimms«, deren Einhaltung von keiner Instanz überwacht wird, entstehen aus dem wertenden Vergleich und setzen sich in der Gesellschaft, laut Elias, auch kraft seiner Hilfe durch.

Wenn Menschen ihr Wohlbefinden vom wertenden Vergleich mit anderen abhängig machen, erzeugen sie damit tatsächlich so etwas wie ein »Selbstwertgefühl«. Es ist dann ganz von ihrer Stellung in der gesellschaftlichen Hierarchie abhängig. Diese ist nicht allein von relativ unveränderlichen Kennzeichen wie Einkommen, Schulbildung, Beruf und Titel bestimmt, sondern zeigt sich an vielen kleinen Gesten des Alltags: welche Schuhe ich trage, welche Zeitung ich kaufe, welche Art Auto, Essen, Unterhaltung ich bevorzuge, wie und worüber ich rede. Es ist also durchaus möglich, die eigene Stellung in der Hierarchie – und damit das Selbstwertgefühl – durch Veränderungen im Verhalten zu beeinflussen.

Deshalb besteht eine starke Tendenz in der Gesellschaft, Verhaltensweisen von Gruppen zu übernehmen, die ein klein wenig höher gestellt sind als man selbst, um so in der eigenen Gruppe und in der Gesellschaft an Ansehen zu gewinnen. Das Übernehmen des Verhaltens sehr viel höher gestellter Gruppen eignet sich dazu nicht, denn es würden dabei zu viele Brüche im Bild entstehen. Man würde zwischen allen Stühlen landen: aus der eigenen Gruppe ausgeschlossen, der anderen doch nicht zugehörig. Weil dieser Übernahmemechanismus aber von Schicht zu Schicht weiterwirkt, verbreitet sich dennoch

das Gehabe der Höchstgestellten nach und nach über die gesamte Gesellschaft – in veränderter Form natürlich, dem Gerücht vergleichbar, das sich bei seiner Reise von Mund zu Ohr zu Mund immer weiter verwandelt.
Die Höchstgestellten brauchen ihrerseits die hervorgehobene Stellung für ihr hervorgehobenes »Selbstwertgefühl«. Würden sich alle genau wie sie verhalten, wäre es mit ihrer Sonderstellung vorbei. Folglich müssen sie immer neue Verhaltensweisen erfinden, mit denen sie den Unterschied zu den nachdrängenden Schichten wieder herstellen. Auf diese Weise vermag Norbert Elias zu erklären, wie Taschentuch und Krawatte, das Schneuzen und die Tischmanieren, die Intimität des Privaten und viele andere uns heute ganz selbstverständliche Verhaltensstandards zunächst bei Hof als »höfliches« Verhalten erfunden wurden und sich anschließend über die ganze Gesellschaft, zum Teil sogar über die ganze Welt, allmählich ausgebreitet haben.[1]

Ausnahmen

Norbert Elias tut so, als ob seine Theorie für alle Menschen gelte, als ob alle Menschen nach Aufstieg strebten, sich vor Abstieg fürchteten und ihren »Selbstwert« an ihrer Stellung in der Hierarchie messen würden.
Glücklicherweise ist das ein Irrtum. Meine eigenen Erfahrungen, aber auch empirische Untersuchungen zeigen, daß Menschen ganz unterschiedlich stark darauf angewiesen sind, in Hierarchien und Prestige zu denken. Frauen scheinen davon oft weniger abhängig zu sein als Männer.[2]
In den Ländern der ehemaligen DDR, an der Fachhochschule Erfurt, bemerkte ich während eines Lehrauftrags, daß bei den Studentinnen und Studenten dort die mir aus dem Westen so wohlbekannten Gesten der Über- und Unterlegenheit kaum vorkamen.
Als ich in meiner Lehrveranstaltung nach ersten lebensgeschichtlichen Erfahrungen mit Armut fragte, kamen

keine Beispiele aus der eigenen Gesellschaft, sondern nur solche aus dem Ausland. Arm waren die anderen sozialistischen Länder, reich der Westen. Die Menschen in der eigenen Gesellschaft hatten zwar unterschiedliche Einkommen, doch wurde das nicht als arm oder reich eingestuft, wurde also nicht dem wertenden Vergleich unterzogen. Auch andere Unterschiede zwischen ihnen wurden von den Studentinnen und Studenten eher sachlich beschrieben, auch moralisch beurteilt, jedoch nicht nach der Prestige-Stellung wertend verglichen. Das führte zu einer viel größeren Verbundenheit untereinander und mit der Sache, die sich in einer unbefangeneren und offeneren Diskussionsweise äußerte, als ich dies aus Lehrveranstaltungen in West-Berlin kannte. Dort schienen die Menschen und Themen wie mit einer Isolierschicht voneinander getrennt, die ich nach meiner Erfurter Erfahrung als ein Resultat der bewertenden Fragen ansah, die im Westen nicht nur an der Universität beinahe jede Handlung begleiten: Was bedeutet das für meine Stellung in der Gruppe? Was denken die anderen von mir? etc.

Dieser subjektive Eindruck wird durch eine Untersuchung an der Universität Halle-Wittenberg und deren Vergleich mit Daten aus Göttingen bestätigt: Die Hallenser Studentinnen und Studenten zeigten sich weniger daran interessiert, andere zu übertreffen, sie suchten mehr Anschluß an andere Menschen. Außerdem waren sie unbefangener im Umgang mit dem anderen Geschlecht und sorgten sich eher um andere Menschen.[3] Gerade letzteres weist für mich darauf hin, daß bei ihnen das Denken im wertenden Vergleich tatsächlich weniger ausgeprägt ist. Denn beim Kontakt zum anderen Geschlecht führt der wertende Vergleich zu den seltsamsten Anstrengungen um Attraktivität und Platzhirschpositionen, die – gleichgültig ob sie gelingen oder scheitern – einen unbefangenen Kontakt erschweren, wenn nicht verhindern.

Über die Gründe für diesen auffallenden Unterschied kann ich nur spekulieren. Vielleicht lag es daran, daß

Aufstieg in der DDR sowieso nur über verpönte Wege möglich und damit selbst diskreditiert war. Vielleicht ist der DDR aber tatsächlich ein Stück Sozialismus gelungen, so daß die Menschen ihr Verhalten nicht so sehr nach dem Prestige, am Tauschwert also, sondern eher nach Kriterien ausrichteten, die an die Sache selbst gebundenen sind, also an den Gebrauchswert.[4] Wie auch immer: Das Beispiel zeigt, daß es Handeln und Denken ohne wertenden Vergleich durchaus in größerem Umfang geben kann.

Aber auch im Westen sind mir Menschen bekannt, denen Prestige weniger wichtig ist. Sie scheinen die Angst, die das überlegene Verhalten anderer auslöst, bestehen lassen zu können und müssen deshalb nicht gleich ihrerseits zu Gesten der Überlegenheit greifen, um Angst abzuwehren. Und ich kenne solche Situationen auch selbst, in denen das, was ich vorhatte, wichtiger war als alles, was andere davon denken mochten. Unter solchen Umständen hatte ich eine Orientierung in mir selbst. Denn dann gab es so etwas wie ein Gefühl der Sättigung: das Problem ist gelöst, das Ziel erreicht, ich bin zufrieden.

Im wertenden Vergleich dagegen findet Sättigung nicht statt. Da gibt es kein Ende. Denn selbst wenn man ganz oben ist, muß man seinen Platz gegen die nachdrängenden Konkurrenten halten und verteidigen.

Es gibt noch eine andere Methode, sich dem wertenden Vergleich zu entziehen. Sie besteht im Festhalten an Prinzipien von »richtig« und »falsch«, ganz unbeeindruckt von den Einstellungen und Meinungen anderer Menschen – und auch unabhängig davon, was das eigene Gefühl sagt. Aus solchem Holz werden Märtyrer geschnitzt – auch an den Hochschulen.

Mit dieser Gegenüberstellung unterschiedlicher Verhaltensweisen will ich selbst keine Wertung im Sinne von »richtig« und »falsch« verbinden. Im Vorgriff auf das Kapitel über Gegenstrategien will ich schon hier betonen, daß aus meiner Sicht das Abwechseln zwischen vielen Methoden die Grundlage für einen besseren Umgang mit der Universität bietet. Denn keine einzige Methode hat nur Vorteile. Jede hat auch ihre Nachteile, ihre Kosten. Nur die Kombination und das Wechseln von Methoden kann die Kosten ausgleichen und den Nutzen maximieren.

Auch der wertende Vergleich kann mit seinem Anpassungszwang an Überlegene ein Lernmittel sein. Er vermittelt die besten Voraussetzungen für eine Karriere – wie meine eigene Studiengeschichte zeigt. Aber diese Methode fordert normalerweise sehr hohe psychische Kosten.

Die in sich ruhende Orientierung an der eigenen Person dagegen verleiht innere Stabilität, führt jedoch zu vielen Konflikten mit der umgebenden Welt. Sie ist sicherlich keine gute Voraussetzung für Karriere, Prüfungen oder Bewerbungen. Und das prinzipiengeleitete Handeln der potentiellen Märtyrer mag durch große Schwierigkeiten hindurchhelfen, kann aber auch zur Behinderung der eigenen Entwicklung und Lebensfreude werden.

Von den beschriebenen Strategien bestärkt die Universität bei den Studierenden vor allem und beinahe ausschließlich die des wertenden Vergleichs. Denn sie ist selbst eine durch und durch hierarchische Institution, voller Konkurrenz und vergleichender Bewertungen. Dennoch zeigen die Beispiele, daß der wertende Vergleich nicht unausweichlich ist. Und das gibt Anlaß zu der Erwartung, daß man sich von ihm auch in der Universität nicht ausschließlich und dauernd bestimmen lassen muß.

Das »kluge Gesicht«

Sobald der wertende Vergleich auftritt, kommt das Thema Überlegenheit und Unterlegenheit ins Spiel. Und das hat verheerende Folgen. Falls ich nämlich die Vermutung habe – und dazu genügen Spurenelemente –, ich sei möglicherweise unterlegen, löst das eine geradezu automatische Abfolge von Ängsten und Projektionen aus: alte Verletzungen und Demütigungen, manchmal nur dunkle Ahnungen, werden durch die Unterlegenheitsvermutung aktiviert. Was ich an herabsetzenden Gedanken über mich in mir trage, sei es als erinnerte Urteile anderer über mich oder bloße Annahmen und Befürchtungen, was andere über mich denken könnten, wird lebendig. Ein schlimmer Gedanke weckt den nächsten, noch schlimmeren, und so entsteht eine Dynamik wie in einem Wasserstrudel: ein immer schneller werdender Wirbel von Gedanken, der mit seinem Sog in die Tiefen der Unterlegenheit hinabzieht.

Das Verhängnisvolle dabei ist, daß ich gar nicht mehr bemerke, wie sehr dies mein eigenes Werk ist. Statt dessen erscheinen mir meine Urteile über mich selbst als die Gedanken der Überlegenen zu mir. Und niemand könnte mir diese Vermutung, die bald zum sicheren Wissen wird, widerlegen. In der Psychologie nennt man diesen Vorgang »Projektion«.

An den Universitäten nimmt die Projektion eine spezifische Form an, folgt aber genau der eben beschriebenen Dynamik des wertenden Vergleiches. Weil es an der Universität vor allem um Sprache und dem in ihr ausgedrückten Wissen geht, zeigt sich das Gefühl von Unterlegenheit als Angst vor dem »klugen Gesicht«.

In der ersten Sitzung des Seminars zum Beispiel, wenn niemand sich kennt, da sind die Gesichter der anderen »Projektionsleinwände«. Manche Gesichter eignen sich dafür besser als andere. Wo auch nur die Spur einer Erinnerung, eines Echos vergangener Demütigung zu spüren ist, da funktioniert die Projektion besonders gut. Man sieht dann in der Person Belesenheit, Sicherheit, Intelligenz und Souveränität als Umkehrung der eigenen vermuteten Mängel. Und je ausgeprägter der empfundene Mangel, desto häufiger ist da jemand, der oder die so aussieht, so spricht oder sich so bewegt, daß er oder sie zum »klugen Gesicht« wird.

Ist solch ein »kluges Gesicht« erst einmal entdeckt, dann wird es zusätzlich noch zur Projektionsleinwand für all die unbestimmten Anforderungen und Erwartungen, Enttäuschungen und Verletzungen, die sich in der Lebensgeschichte angesammelt haben. Bereiche, in denen man glaubt, versagt zu haben – das »kluge Gesicht« schafft sie leicht, so meint man. Die Trägerinnen und Träger des »klugen Gesichts« werden zu Verkörperungen der Überlegenheit, zum lebendigen Beweis der Richtig- und Gültigkeit aller wirklichen oder bloß vermuteten Anforderungen. Nun kann überhaupt nicht mehr wahrgenommen werden, daß die Abwertung der eigenen Person selbst produziert wurde. Hinzu kommt die spezifisch deutsche Auffassung von Intelligenz: Danach ist besonders intelligent und überlegen, wer andere gut kritisieren, wer die Schwächen anderer aufdecken kann, nicht wer selbst schöpferisch zu denken und andere zu unterstützen vermag. Anerkennung und Erfolgserlebnisse sind kaum zu haben, außer durch Niedermachen anderer. Das Prinzip ist: Aufwertung der eigenen Person durch Abwertung anderer.

Die universitäre Situation mit ihrer Überbetonung von Wissen und Sprache, von Distanz und Kritik, kann also sehr leicht ganz spezifische Erinnerungen aus der vorangegangenen Lebensgeschichte wachrufen und ihnen über das »kluge Gesicht« zu neuer Präsenz und wirksamer Macht verhelfen. Gleichzeitig bietet sie wenige Möglichkeiten, sich dem wertenden Denken durch sachliche Orientierungen und Erfolgserlebnisse zu entziehen. Sie gibt kaum je Kriterien dafür, was »richtig« und was »falsch« ist, ob etwas gelungen ist und ob man inhaltliche Fortschritte macht. An der Universität gebiert ein Problem immer nur neue Probleme. Selten gibt es eine klare Antwort auf eine klare Frage.

Das Chaos und die liberale Gleichgültigkeit, Kennzeichen besonders der Massenfächer (wiewohl nicht nur dort anzutreffen), erzeugen einen Zustand der Regel- und Orientierungslosigkeit, der auch belastbare Menschen an ihre Grenzen führt. Da paßt die Universität oft wie ein Schlüssel ins Schloß der lebensgeschichtlichen Beschädigungen und kann schwere psychische Krisen auslösen, die beispielsweise unter den Bedingungen einer betrieblichen Berufsausbildung möglicherweise nicht ausgebrochen wären.

Ich will im folgenden etwas zur Situation einiger Gruppen ausführen, bei denen die Universität besonders häufig wie das Sesam-Öffne-Dich zu den Problemen der eigenen Biographie wirkt und Gefühle von Unterlegenheit und Deplaziertheit auslöst, weil sie ein lebensgeschichtlich bedingtes anderes Verhältnis zur Sprache entwickelt haben. Die Beispiele sollen verdeutlichen, wie das Problematische an der Universität aus dem Zusammenspiel von Institution und eigenen Empfindlichkeiten entsteht. Das Bestreben, die daraus entstehenden Ängste abzuwehren, mündet dann in der inneren Bereitschaft zur Anpassung.

Zur Situation der Frauen an der Universität

Die typischen Unterschiede in der Lebensgeschichte von Männern und Frauen müßten auch zu unterschiedlichen Reaktionen auf die Universität führen. Bei einer Betrachtung unter dem Gesichtspunkt des Geschlechtsunterschiedes ist allerdings Vorsicht geboten, denn, wie Gesa Lindemann zeigt, wird das Geschlecht als biologisches Unterscheidungsmerkmal gesellschaftlich verwandt, um eine verwirrend komplexe Wirklichkeit übersichtlicher zu gestalten, wodurch dann aber auch die Sicht dieser Wirklichkeit vorgegeben ist.[5] Die Bezeichnungen »männlich« und »weiblich« sind demnach Bezeichnungen für die Pole eines Kontinuums sozialer Erfahrungen und sozialer Wirklichkeiten. Die Zwischentöne und Übergänge fallen bei dieser Betrachtungsweise heraus ähnlich wie bei der Einteilung einer Gruppe von Menschen in »Große« und »Kleine«.
Mit dieser Einschränkung scheint es dennoch sinnvoll zu sein, an diesen Polen aufzuzeigen, wie sich die sozialen Wirklichkeiten von Männern und Frauen an der Universität der Tendenz nach unterscheiden können und welche Auswirkungen solche Unterschiede haben. Ich nehme hier exemplarisch den Bereich der Sprache.

In einem Aufsatz über universitäre Kommunikationsweisen berichtet Helga Kothoff von Untersuchungen zum unterschiedlichen Sprachverhalten bei Männern und Frauen. Das beginnt schon in der Kindheit: »Wenn Jungen sich gegenseitig Geschichten erzählen, versuchen sie, den anderen im Erzählen zu übertreffen. Sie greifen die Geschichten von anderen Jungen an und versuchen, noch tollere Dinge zu erzählen. Ein Junge muß also seine Geschichte verteidigen. (...) Mädchen müssen in ihren Gruppen keine Geschichten verteidigen. Die anderen Mädchen stricken daran mit und bekunden ihr Interesse an der Geschichte.«
Dieser Unterschied verschwindet nicht etwa, sondern wird immer ausgeprägter. Helga Kotthoff: »Viele Untersuchungen haben gezeigt, daß auch erwachsene Frauen viel aktiver ihr Interesse daran bekunden, was jemand erzählt, als Männer dies tun. (...) Sie bekunden dauernd ihre Aufmerksamkeit und geben dem Gegenüber zu verstehen: ›Ich höre Dir zu. Mach weiter.‹ Männer zeigen diese Zuhöreraktivität weniger, und deshalb scheinen sie auch nicht so stark darauf angewiesen zu sein. Daraus können sich Konflikte ergeben wie beim interkulturellen Gespräch. Männer interpretieren z.B. die Hörersignale vielleicht als inhaltliche Zustimmung. Sie sind verwundert, wenn eine Frau im Gespräch dauernd mit dem Kopf nickt und dann etwas gegen ihre Meinung sagt. Frauen hingegen denken, der Mann höre ihnen gar nicht zu, wenn er nicht die gewohnten Hörsignale aussendet. Sie fühlen sich nicht angenommen und dadurch behindert.«
In einer eigenen Untersuchung an der Konstanzer Universität beobachtete Helga Kotthoff das Kommunikationsverhalten zwischen Studenten und Dozenten einerseits und zwischen Studentinnen und Dozentinnen andererseits. Ihr Ergebnis: »Wenn Männer eine Argumentation miteinander austrugen, konfrontierten sie sich sofort mit festen Positionen. Sie trugen eine Art Kampf miteinander aus, indem sie ihre anfänglichen Behauptungen verteidigten und keinen Zentimeter von ih-

nen abzurücken sich bereit zeigten. Die Frauen, sowohl die Dozentinnen als auch die Studentinnen, nahmen an ihren Positionen Einschränkungen vor, machten Zugeständnisse und Kompromisse. Sie formulierten ihre Positionen von vornherein offener. Sie standen nicht als fertige, abgeschlossene Meinung im Raum, sondern als Haltung, die ein gemeinsames Weiterdenken noch möglich machte.«

Daraus kann sie gut erklären, weshalb Frauen mit diesem Denk- und Kommunikationsstil an der Hochschule ins »Hintertreffen« geraten: Sie gehen auf ihren Gesprächspartner ein, machen Angebote, lassen sich auf seine Vorgaben ein, während der »inhaltlich keinen Zentimeter auf sie zugeht.«[6] Es darf danach nicht überraschen, daß Frauen mit fortschreitendem Studium immer mehr die Lust verlieren. Alle empirischen Untersuchungen zeigen, daß sie anfangs viel weniger Probleme haben als die Studenten. Da diese dem wertenden Vergleich stärker anhängen als die Studentinnen, haben sie verständlicherweise mit der Stellung als Erstsemester ganz am Ende der Hierarchie besondere Schwierigkeiten. Damit können die Studentinnen viel leichter umgehen. Aber in dem Maße, wie das Studium voranschreitet – und die Studenten sich an die Uni anpassen – bezweifeln Studentinnen immer entschiedener, ob das Fach oder das Studium insgesamt das Richtige für sie ist.[7]

Das ist eine mögliche Erklärung für das erhöhte Auftreten von psychischen Störungen, Selbstmorden und Selbstmordversuchen bei Studentinnen. Ihre Erfahrungen mit Sprache lassen sie die Entfremdung an der Universität deutlicher spüren und erschweren ihnen zugleich die ausgleichende Anpassung. Aber möglicherweise steht ihre lebensgeschichtlich meist stärker ausgebildete Orientierung an der eigenen Person und am Gefühl ganz allgemein in direktem Widerspruch zur Distanziertheit und Gefühlsfeindlichkeit der Universität.

Zur Situation ausländischer Studierender

Auch in ihrem Verhältnis zur Universität spielt die Sprache eine Schlüsselrolle. Zu dem allgemeinen Kulturschock, der je nach Ferne zur europäisch-deutschen Kultur stärker oder schwächer ausfällt, kommt an der Universität noch der besondere Schock hinzu, nach genau dem Medium beurteilt zu werden, in dem sie besonders unsicher sind.[8]

Gerade weil Sprache an der Universität so in den Mittelpunkt der Beziehungen rückt, daß sie manchmal alle anderen Aspekte auszulöschen droht, behindert die Diskrepanz zwischen den wahrgenommenen Anforderungen und der eigenen Fähigkeit das Leben bis hinein in die Liebesbeziehung. Eine Studentin aus Südasien drückt das drastisch aus: »Damals mit dem deutschen Freund ... wenn ich mit ihm weitergelebt hätte ... ich hätte mich bestimmt umgebracht ... Ich kann mich sehr gut ausdrücken ... Aber trotzdem ist die Sprache für mich fremd. Ich merkte damals, daß die Sprache doch ein Hindernis war ... Wenn ich zum Beispiel aufgeregt bin, dann kann ich gar nichts mehr sagen, und damals war das noch schwerer ... Ich meine, ich mußte alles schlucken. Das war so schlimm ...«.[9]

Eine Oldenburger Gruppe stellte in Tiefeninterviews mit ausländischen Studierenden fest, daß sich besonders außereuropäische Studierende in dieser Situation auf den Kontakt zu Angehörigen ihrer eigenen Nationalität zurückziehen.[10] Soweit es sich empirisch feststellen läßt, brechen von den ausländischen Studierenden sehr viel mehr (über 20%) ihr Studium vorzeitig ab als deutsche Studierende.[11] Als Grund für den Studienabbruch wird vor allem angegeben: »Soziales Klima (Anonymität, Konkurrenzkampf, Gefühl der Verunsicherung und Vereinsamung)«.[12]

Zur Situation der Studierenden aus nicht-akademischen Familien

Die Kinder aus nicht-akademischen Familien müssen – was die Sprache angeht – ebenfalls einen, wenn auch kleineren Kulturschock überwinden. Trotz aller sprachlicher Gewandtheit, die sie in der Schulzeit erworben haben, ist der ursprüngliche emotionale Bezug zu Sprache ein anderer. Sie ist nicht das zentrale und beinahe einzige Mittel der Kommunikation. Nähe und Distanz, das ganze emotionale Drama der Kindheit, wurde eben nicht vorwiegend sprachlich ausgetragen, weshalb sie nicht die gleiche, hochaktivierte Aufmerksamkeit für die feinsten Zwischentöne der Sprache entwickeln mußten. Ironie, Sarkasmus, höfliche Scheinheiligkeiten, Wärme und Kälte – ausgedrückt allein durch die größere oder geringere Umständlichkeit der Formulierung – sind nicht wie bei den Akademikerkindern durch die Ängste der Kindheit in Fleisch und Blut übergegangen. Das Verhältnis zur Sprache ist daher ein ganz anderes. Gabriele Theling berichtet zum Beispiel, daß in der Familiensituation Sprache weniger zur Verständigung als zur Durchsetzung in Konflikten eingesetzt wurde.[13] Und Hannelore Bublitz zeigt in dialektgefärbten und deshalb etwas schwer zu lesenden Gesprächsprotokollen, wie der andere Umgang mit dem Körper beim Sprechen durch den wertenden Vergleich an der Universität zum Problem werden kann: »Weil ich nich so lange Sätze und differenziert des ausdrücken konnte und abgeschwächt und einerseits und andererseits hab ich nie gekonnt und mich innerlich auch geweigert, glaub ich, sondern wenn da einer was sagt in irgendner Diskussion, dann sag ich also (...) das ist doch unmöglich, und beweg mich dabei mit meim Körper, mit'm Gesicht. Ja, und da, da gucken die und also! Hm! Da muß ich doch schon bitten, sich an die Form zu halten, an die Regeln und so, ne.«[14]

Ein zusätzlicher Konflikt kann sich bei Kindern von Nicht-Akademikern aus dem inneren Verbot ergeben, mehr zu wissen und mehr zu sein als die Eltern. Dann geht der wertende Vergleich nach beiden Richtungen und läßt die Person hilflos in der Mitte. Hannelore Bublitz: »Es bleibt nichts mehr von mir übrig (...) Übrig bleibt die Unsicherheit und das doppelte Bewußtsein des Mangels gegenüber den Mittelstandskollegen. (...) ›Ich habe gar keine Identität. Ich fühle mich nirgendwo geborgen‹. Weder bei den Bürgerlichen noch bei Menschen, die gewohnt sind, körperlich zu arbeiten.«[15]

Zur Situation der »narzißtisch Gestörten«

Die Abwertung der eigenen Person im wertenden Vergleich erzeugt gleichsam ein Vakuum, in das einströmen kann, was als Signal der Überlegenheit wahrgenommen wird. Daraus entsteht die Bereitschaft, sich durch Übernahme des Überlegenen aus der selbstgeschaffenen Nichtswürdigkeit zu befreien. Je ausgeprägter das durch die Selbstabwertung geschaffene innere Vakuum ist, desto höher wird demnach die Aufmerksamkeit für die Signale der Überlegenheit und die Bereitschaft zu ihrer Übernahme sein.

Daraus erklärt sich, warum Menschen wie ich, die früh gelernt haben, Antennen für die unausgesprochenen Verhaltensanforderungen ihrer Umwelt zu entwickeln, in der Universität besonders gut zurecht kommen. Alice Miller hat in ihrem Buch »Das Drama des begabten Kindes und die Suche nach dem wahren Selbst« gezeigt, wie eine hochentwickelte Wahrnehmungsfähigkeit für geringste sprachliche und körperliche Signale der Billigung und Mißbilligung lebensgeschichtlich zustande kommt.[16] Wenn ein Elternteil kaum einen Zugang zu den eigenen Gefühlen und Bedürfnissen hat, weil ein inneres Verbot besteht, sie zu verspüren, dann entsteht daraus eine ganz komplizierte und unzuverlässige Beziehung auch zu dem Kind. Es muß lernen, möglichst früh zu erahnen, was dieses Elternteil »eigentlich« will, damit es sich auf diese ständig wechselnden, verborgenen Anforderungen einstellen kann. So wird das Kind früh nach außen orientiert, weg von seinen eigenen Gefühlen und Bedürfnissen – genau wie das Elternteil, bei dem es dieses Verhalten erlernt. Dabei entwickelt das Kind besonders feine Sensoren für die verborgensten Signale der »eigentlichen« Wünsche dieses Elternteils und wird so zum »begabten« Kind.

Die Wahrnehmung eigener Bedürfnisse sowie ihre direkte Befriedigung bleiben unterentwickelt. Sie müssen sich immer an die Befriedigung der Bedürfnisse des Elternteils anhängen, müssen also sozusagen im Huckepackverfahren befriedigt werden. Damit hat sich die »narzißtische Störung« – wie das in der psychoanalytischen Theorie heißt – auch bei dem Kind eingestellt: Alle Tätigkeiten, Beziehungen, Interessen werden zum Huckepackverfahren, zum austauschbaren Mittel der nie gesättigten Sucht nach Selbstbestätigung. Weil die eigenen Gefühle und Bedürfnisse nicht gespürt werden dürfen, denn das hätte den Verlust der Zuwendung durch das selbst »narzißtisch gestörte« Elternteil bedeutet, muß versucht werden, dieses sich ständig erneuernde innere Vakuum mit der Zuwendung und Anerkennung durch andere zu füllen. Eine direkte Beziehung zu anderen Menschen oder zu Aufgaben und Themen um ihrer selbst willen wird so für »narzißtisch Gestörte« beinahe unmöglich.[17]

Wenn es stimmt, daß Menschen mit derart entwickelten Sensibilitäten für unausgesprochene Anforderungen im orientierungs- und regellosen Chaos der Universität die besten Karrierechancen haben, dann könnte dies ein Hinweis darauf sein, daß die »narzißtische Störung« dort besonders verbreitet ist. Und das wiederum würde erklären, weshalb die Beschäftigten die dreifache Entfremdung (vom Stoff, von den anderen Menschen und von sich selbst) so klaglos und geduldig ertragen. Alle Inhalte und Beziehungen sind ihnen sowieso nur Mittel, um im wertenden Vergleich das in Frage gestellte »Selbstwertgefühl« immer wieder zu sichern.

Dominiert das Denken im wertenden Vergleich an der

Universität derartig, so ist damit ein einfaches Instrument vorgegeben, mit dessen Hilfe die Regeln herausgefunden werden können, die der Universität ihr Gepräge geben. Man muß nach der Spitze der Hierarchie schauen und ihre Verhaltensstandards herausfinden. Sie werden sich von dort aus über die verschiedenen Stufen ausbreiten – immer ein wenig vereinfacht und verändert – bis hinunter zu den Studienanfängerinnen und Anfängern.

ZUSAMMENFASSUNG

Das Grundproblem, die Entfremdung vom Stoff, von den anderen und von sich selbst, hat zwei verursachende Aspekte: einerseits die Institution und andererseits die Bereitschaft der meisten Studentinnen und Studenten, sich an die Institution anzupassen. Eine solche Bereitschaft entspringt der Neigung, den eigenen »Selbstwert« aus dem wertenden Vergleich mit anderen zu gewinnen. Die Orientierung an anderen, die als überlegen wahrgenommen werden, erzeugt sowohl Anpassung wie Abhängigkeit von anerkennenden Gesten und Urteilen dieser Personen. An deutschen Hochschulen, wo sich Intellektualität vornehmlich in Kritik und dem Vermögen dokumentiert, Schwächen aufzudecken, ist Anerkennung besonders schwierig zu gewinnen. Aufstieg in der Hierarchie muß folglich mit sprachlichen Mitteln und mit der Selbstdarstellung des kritischen Wissens erkämpft werden.

Wo Wissen und Sprache die Hauptkriterien für die Stellung in der universitären Hierarchie sind, haben vermutete oder wirkliche Defizite in diesen beiden Bereichen besonders nachteilige Auswirkungen auf das »Selbstwertgefühl« – dies um so mehr, sind durch die bisherige Lebensgeschichte bereits Empfindlichkeiten in diesen Bereichen vorprogrammiert, wie dies zum Beispiel bei Frauen, Studierenden aus dem nicht-europäischen Ausland und aus nicht-akademischen Familien sowie bei »narzißtisch Gestörten« der Fall ist.

Die wahrgenommenen Forderungen der Universität werden häufig personalisiert, indem sie als erfüllt und damit prinzipiell erfüllbar von den »klugen Gesichtern« anderer abgelesen werden. So entsteht eine hierarchische Orientierung, deren kulturelle Muster von der Spitze der Hierarchie her zu erklären und zu erkennen sind.

DRITTES KAPITEL
Die Institution

Im Jahre 1802 hielt der Philosoph F.W.J. Schelling an der Universität Jena eine Vorlesung für Erstsemester über »Die Methode des akademischen Studiums«. Darin formulierte er das institutionelle Dilemma der deutschen Universität, das sie bis heute – so meine These – in der Form (natürlich nicht im Inhalt) kennzeichnet, das Dilemma nämlich, einerseits für zukünftige Berufe ausbilden zu wollen, andererseits aber dies gerade nicht zu tun, sondern Wissenschaft um der Wissenschaft willen zu betreiben: »Es versteht sich wohl von selbst, daß wir gemeinschaftlich voraussetzen und voraussetzen müssen: der Staat wolle in den Akademien wirklich wissenschaftliche Anstalten sehen, und daß alles, was wir in Ansehung ihrer behaupten, nur unter dieser Bedingung gilt. Der Staat wäre unstreitig befugt, die Akademien ganz aufzuheben oder in Industrie- und andere Schulen von ähnlichen Zwecken umzuwandeln; aber er kann nicht das Erste beabsichtigen, ohne zugleich auch das Leben der Ideen und die freieste wissenschaftliche Bewegung zu wollen, durch deren Versagung aus kleinlichen (meistens nur die Ruhe der Unfähigen in Schutz nehmenden) Rücksichten das Genie zurückgestoßen, das Talent gelähmt wird. (...) Die Wissenschaft aber hört als Wissenschaft auf, sobald sie zum b l o ß e n Mittel herabgesetzt und nicht zugleich um ihrer selbst willen gefördert wird. Um ihrer selbst willen wird sie aber sicher nicht gefördert, wenn Ideen z.B. aus dem Grund zurückgewiesen werden, weil sie keinen Nutzen für das gemeine Leben haben, von keiner praktischen Anwendung, keines Gebrauchs in der Erfahrung fähig sind.«[1]

Dieses »es versteht sich wohl von selbst« ganz am Anfang des Textes ist heute wie damals eine beliebte Bluff-

Figur, denn wer wollte da noch widersprechen. Dabei versteht sich Schellings Behauptung keineswegs von selbst – weder damals noch heute. Zu Beginn des 19. Jahrhunderts war die Aussage eine reine Wunschvorstellung. Das genaue Gegenteil von dem, was Schelling für selbstverständlich erklärt, ist tatsächlich der Fall gewesen. Die Universitäten waren eng berufsbezogen und standen unter der Fuchtel des jeweiligen Fürsten. Sie dienten seinen religiösen und philosophischen Vorlieben sowie ökonomischen Notwendigkeiten.[2] Erst im Verlauf des 19. Jahrhunderts – also nach dem Zeitpunkt der Vorlesung Schellings – bildete sich die von heute aus gesehen »klassische deutsche Universität« heraus.[3]

Aber auch in unseren Tagen ist die absolute Priorität von Wissenschaft um der Wissenschaft willen eine deutsche Spezialität, die keineswegs »vorausgesetzt werden muß«. Heute wie damals gelten in USA, Frankreich und England ganz andere, sogar entgegengesetzte Prinzipien. In einer Studie über den »Vergleich des Studiums an englischen und deutschen Universitäten« wird die deutsche Universität ganz im Sinne Schellings zusammenfassend als »Erziehung durch Wissenschaft«, die englische dagegen als »Erziehung zum Gentleman« charakterisiert. Das englische Universitätsideal ist »nicht in erster Linie an wissenschaftlicher Ausbildung oder an der Produktion neuen Wissens orientiert, sondern zielt vor allem auf die Vermittlung von Führungsqualitäten ab.«[4] In den USA waren und sind die Universitäten und Colleges primär der Berufsausbildung verschrieben.[5] In Frankreich sind Lehre und Forschung weitgehend getrennt. Dort genießen nicht die Universitäten, sondern berufsbildende Institutionen das höchste Prestige.[6]

Das besondere Kennzeichen der deutschen Universität, das Schelling so voraussetzungslos voraussetzt, ist demnach die Freiheit von allen äußeren Zwecksetzungen insbesondere durch den Staat. Befragt man den Text Schellings danach, welche positive Bestimmung diese Freiheit erhalten, wie sie genutzt werden soll, dann findet man statt einer inhaltlichen Auskunft nur polemische Entgegensetzungen. Da ist auf der einen Seite das Gute und Erstrebenswerte: »wirklich wissenschaftlich«, »Akademien«, »Leben der Ideen«, »freieste wissenschaftliche Bewegung«, »Genie«, »Talent« und immer wieder »Wissenschaft«. Diese Formulierungen stützen und erhöhen sich gegenseitig zu einem Bild von etwas, das irgendwie von besonders hohem Niveau ist. Dieser Eindruck wird durch die andere Seite bestärkt: »Industrie- und andere Schulen von ähnlichen Zwecken« (statt »Akademien«), »kleinliche Rücksichten«, die »meistens nur die Ruhe der Unfähigen in Schutz nehmen«, »zum bloßen Mittel herabsetzen«, »Nutzen für das gemeine Leben«.

Genie, das ist hohes Niveau und Zweckfreiheit. Das Gegenteil, die Unfähigen, die kümmern sich um Nützlichkeit, die bestenfalls für die Schulen taugt, nicht aber für die Akademien. Wer Nutzanwendungen schätzt, gehört zu den Kleingeistern, die bloße »Handwerkertalente« haben,[7] »aus denen, wenn man sie auf den Kopf stellte, kein eigner Gedanke herausfiele« – wie unser Philosoph so philosophisch formuliert.[8]

Wilhelm von Humboldt und die anderen Gründer der preußisch-deutschen Universität teilten die Ansichten Schellings weitgehend. So beruht die damalige Konstruktion der Universität in »Einsamkeit und Freiheit« auf dem gleichen Gegensatz: der an Verwertung und Nützlichkeit Interessierte ist eben nicht einsam, nicht herausgelöst aus allen Zwecksetzungen und deshalb auch nicht frei.[9]

Was die Schulen von den Universitäten unterscheidet, ist deren Zweckfreiheit. Doch verstrickt diese Eigenschaft den Staat als Veranstalter, Einrichter und Geldgeber der Universitäten in einen unauflöslichen Widerspruch. Einerseits verfolgt er ja durchaus Zwecke und Ziele, sonst würde er das Universitätsgeschäft nicht betreiben, andererseits soll die staatliche Sorge um das Universitätsleben völlig zweckfrei sein.

Die Universitäten als Privatbesitz der Professorenschaft

Die institutionelle Konsequenz dieses Widerspruchs prägt die deutsche Universität bis heute. Der Idee nach wird sie von zwei Prinzipien geprägt, dem Grundsatz der Freiheit des Lehrens und Lernens, sowie dem Grundsatz, daß Forschung und Lehre eine Einheit bilden.[10] In der Wirklichkeit übereignet das Konzept die Universität an die auf Lebenszeit bestellten Professoren. Denn der Widerspruch wurde faktisch so gelöst: der Staat beruft qualifizierte Wissenschaftler und läßt sie ihre Wissenschaft betreiben. Einmal berufen, können sie tun und treiben, was sie wollen, solange sie ihre formalen Pflichten (Forschung, Lehre, Prüfung und Selbstverwaltung) erfüllen. Es gibt zwar eine staatliche Aufsicht. Ihre Eingriffsmöglichkeiten sind jedoch sehr beschränkt. Letztlich muß der Staat darauf vertrauen, daß die frei gesetzten Ziele der berufenen Professoren irgendwie und irgendwann auch den staatlichen Zielsetzungen entsprechen.

Zwar hofft der Staat darauf, daß sie seine Zwecke mit erfüllen. Zwar hofft er auch, daß so die »universitas« zustande kommt, »das wahre organische Gesamtleben aller Teile des Wissens, welches durch die Universitäten, die hiervon ihren Namen tragen, erreicht werden soll«[11] – wie Schelling das so hübsch ausdrückt. Solche Hoffnungen können aber trügen. Tatsächlich geht der Staat das Risiko ein, daß die einmal bestellten Professoren ihre Freiheit nutzen, um ganz privaten Zwecke nachzugehen. Auch der »Ruhe der Unfähigen« könnten sie frönen, die Schelling durch eben diese Freiheit vertreiben wollte. Ein Teil der zwiespältigen Situation an den deutschen Universitäten, wie ich sie im ersten Kapitel geschildert habe, findet hier bereits seine Erklärung. Die Universität kann freies Leben des Geistes und spannende Universalität sein, aber eben auch Zersplitterung in private Steckenpferdreiterei und selbstgefällige Nichtigkeit.

Seit Schellings und Humboldts Zeiten sind die deutschen

Universitäten also Privatbesitz auf Lebenszeit. Die Professoren und seit ein paar Jahrzehnten auch einige Professorinnen bestimmen alleine, was an den Universitäten geschieht. Da die Professorenschaft unfähig ist, sich auf gemeinsame inhaltliche Vorstellungen zu einigen, blieb diese Freiheit eine rein negative, nämlich die des Privatbesitzes: während ich mich anderswo mehr oder weniger anpassen muß, kann ich mich dort unbehelligt von den Bestrebungen anderer frei entfalten.[12]

1973 hat das Bundesverfassungsgericht diesen vor fast 200 Jahren geschehenen Akt der Übereignung noch einmal ausdrücklich für die Bundesrepublik bestätigt. Den Professoren und Professorinnen muß insgesamt eine »herausgehobene Stellung« und »möglichst breiter Raum« gewährt werden. Im Detail legte das Gericht für die Lehre fest, daß ihnen »der ihrer besonderen Stellung entsprechende maßgebende Einfluß verbleiben« muß. In Fragen der Forschung und Berufung von Hochschullehrern muß ihnen sogar »ausschlaggebender Einfluß vorbehalten bleiben« – denn, so heißt es in der Begründung des Urteils: »Nach der derzeitigen Struktur der Universität sind sie die Inhaber der Schlüsselfunktionen des wissenschaftlichen Lebens.«[13]

Nicht nur wegen der klassisch gewordenen Formulierung des Bundesverfassungsgerichtes will ich die Institution Universität ausgehend von der Stellung der Professorinnen und Professoren analysieren. In hierarchisch gegliederten Organisationen haben die Spitzen der Hierarchie einen kaum zu unterschätzenden Einfluß, der durch den wertenden Vergleich bis in die letzte Verzweigung der Organisation vermittelt wird. Sie definieren nicht nur die jeweils zu verhandelnden inhaltlichen Probleme, sondern prägen ihren Stempel auch kaum wahrzunehmenden Nebensächlichkeiten auf, etwa der Art und Weise, wie die Angehörigen einer Institution reden, sich bewegen und kleiden. Das auffälligste Beispiel hierfür sind vielleicht die Chefvisiten in deutschen Großkliniken.

Um diesem Einfluß auf die Spur zu kommen, will ich der

Frage nachgehen, was eine Person tun muß, wie und woran sie sich anpassen muß, um in der Universität bis hinauf zur Stellung eines Professors oder einer Professorin aufzusteigen.

Wie wird man Professor?

Wie frau Professorin wird, folgt anderen Regeln – dazu später. Hier geht es also nur um die Aufstiegsregeln für Männer. Und da gilt der schlichte Grundsatz: Man wird Professor, indem man anderen Professoren gefällt – möglichst bereits als Student, spätestens aber als Doktorand, wenn es um die Verteilung von Stellen und Stipendien geht, die durchweg von Professoren vergeben werden. Bei der Habilitation und Berufung auf einen Lehrstuhl wird der Umstand völlig offensichtlich: einem Gremium von anderen Professoren muß der Kandidat so gut gefallen, daß sie ihn haben wollen.

Die Eingangsfrage, »wie wird man Professor?«, vereinfacht oder verkompliziert sich – je nach Standpunkt – also zu der Frage: Wie schafft man es, Professoren zu gefallen?

Dazu hat Andrea Frank in einer – wie ich meine – für das Verständnis der Universität richtungweisenden Studie folgendes herausgefunden: die von ihr interviewten Hochschullehrerinnen und Hochschullehrer brachten das Gespräch ungefragt immer wieder auf ihre eigene Studienzeit. Selbst wenn sie nach dem Unterschied zwischen Anfängern heute und vor zehn Jahren gefragt wurden, antworteten die meisten Professoren auf eine andere Frage: Wie unterscheiden sich heutige Studierende von Ihnen, so wie Sie sich heute an Ihre Studienzeit erinnern?[14] Andrea Frank berichtet über diese Gespräche: »Solche Erzählungen haben dann häufig den Tenor ›damals war es *noch* so, daß‹; dieses Wörtchen ›noch‹ ist seinerseits und bemerkenswerterweise durch und durch positiv besetzt. Früher war mal wieder alles besser ... noch früher, war es dann noch besser – was in Beschreibungen der eigenen (akademischen) Lehrer deutlich wird: ›Das waren *noch* Persönlichkeiten, die wußten auserwählten Kreisen Dinge zu erzählen ...‹ wissen die zu erzählen, die damals zu den Auserwählten gehörten. Die Geschichten von früher, die Reflexion der eigenen Biographie, lassen keinen Zweifel daran, daß der, der so spricht, berufen war, der zu werden, als der er nun spricht. Hat man etwas, was auch immer, geschafft, wird die Vergangenheit, die Beschwerlichkeit des Weges, euphemisiert in Hinblick auf das erreichte Ziel. Die Erinnerung erst produziert Kontinuität und Zwangsläufigkeiten.«[15]

Das Resultat ist ein elitärer Blick, der scharf unterscheidet zwischen den wenigen, die so sind, wie der Professor meint, gewesen zu sein, und den vielen, die dem nicht einmal nahekommen. So kommt die Konstruktion von Masse und Elite zustande, die sich überall in der Hochschulliteratur wiederfindet und die ich aus unzähligen Gesprächen mit Kolleginnen und Kollegen kenne: die Spreu wird vom Weizen getrennt. Man unterscheidet die »wenigen, die eine Ausnahme« sind von den »vielen, der Masse, die eigentlich nicht an die Universität gehört«. Dasselbe Schema findet sich auch schon bei Schelling. In seiner Vorlesung von 1802 teilte er die Studenten ein in die »wenigen, welchen frühzeitig ein sicheres Licht den Weg bezeichnet, der sie zu ihrem Ziele führt«. Sie sind die »Ausnahmen«. Und die Masse, die »andern, die von minder gutem Stoff gebildet sind, daß sie gleich anfangs die Resignation üben, alsbald sich der Gemeinheit ergeben und höchstens durch mechanischen Fleiß und bloßes Auffassen mit dem Gedächtnisse so viel von ihrem besonderen Fach sich anzueignen suchen, als sie glauben, daß zu ihrer künftigen äußeren Existenz notwendig ist.«[16]

Diese Unterscheidung von Elite und Masse machte aus deutschen Hochschulen bereits Massenuniversitäten, lange bevor es das Wort überhaupt gab. Denn die Gleichgültigkeit und Verachtung, mit der die Nicht-Elite betrachtet wird, verwandelt sie von vornherein in eine

bürokratisch abzufertigende Masse, ganz gleich, wie groß oder klein deren Zahl auch sein mag.
Das Verfahren, mit der die Unterscheidung zwischen Elite und Masse getroffen wird, orientiert sich aber nicht an den wirklichen Erfordernissen von Wissenschaft und Studium. Nach den Beobachtungen von Andrea Frank wird die Meßlatte gar nicht aus der Wirklichkeit, für die sie bestimmt ist, gewonnen. Sie entstammt dem Gedächtnis der Professoren, die sich als junge, brillante Männer erinnern. Und weil sich dieses Bild mit der Zeit immer mehr verklärt, immer stimmiger und reiner wird, erscheinen die wirklichen Fähigkeiten und Begabungen der Studenten in einem immer schlechteren Licht. So erklärt sich die beständige Klage an den Hochschulen – sie begleitete mich über all die Jahre und reicht sicher bis auf die Zeit Schellings zurück[17] – über die zunehmend enttäuschenderen neuen Studentengenerationen. Dabei fallen die Abschlußnoten seit dreißig Jahren in Wahrheit immer besser aus.[18] Und die Erhebungen der Konstanzer Forschungsgruppe lassen während der letzten dreißig Jahre keinen Wandel in der formalen Qualifikation oder der Leistungsmotivation der Studierenden erkennen.[19]

Der Pygmalion-Effekt

Meint ein Hochschullehrer aber, in einem Studenten sein Ideal wiederzuerkennen, dann fördert er ihn, unterstützt ihn, fordert ihn auch heraus, und zwar in allen Situationen, so daß Andrea Frank von der »Selbst-Wiederfindung der Sozialisatoren in den zu Sozialisierenden«[20] spricht. Es ist wie bei Pygmalion in der griechischen Mythologie. Der hatte sich in die Göttin Aphrodite verliebt. Weil er sie nicht erreichen konnte, schnitzte er ihr Ebenbild aus Elfenbein. Das umwarb er so herzzerreißend liebevoll, daß sich die Göttin seiner erbarmte und in das Elfenbeinbild hineinschlüpfte, um es lebendig zu machen. Die Professoren sind allerdings nicht in die Göttin der Liebe verliebt, sondern in ein studentisches Idealbild ihrer selbst. Doch wie Pygmalion gelingt es ihnen dank der Inbrunst ihres Werbens, das Idealbild lebendig werden zu lassen.[21]

In der Sprechstunde zum Beispiel: »Allgemein gilt hier die Regel, je außergewöhnlicher und vielversprechender der Student, desto mehr Zeit wird ihm gewährt. Einem gewöhnlichen Studenten, der sich nicht weiter bemerkbar gemacht hat, der auftritt wie einer von vielen, wird Zeitknappheit signalisiert. Ihn zu beraten, ist eine Formalsache, die zum täglichen Geschäft eines Hochschullehrers gehört. Die Beratung nimmt sich standardisiert aus, wie das Ausfüllen eines Formulars. Der Nächste bitte! Einem außergewöhnlichen Studenten wird dagegen ein Gespräch angeboten. Man unterhält sich eher mal über Themen, die über das konkrete Anliegen hinausgehen. Der Hochschullehrer zeigt sich interessiert, gibt sich kollegial, vielleicht väterlich. Das ganze ist vom Typus des ewigen Gesprächs. Die Zeit vergeht viel zu schnell.« Und »je durchschnittlicher ein Student, desto mehr wird ihm verordnet.«[22]

Oder im Seminar: »Studenten, die von Hochschullehrern als gute Studenten beobachtet werden, genügt oftmals ein Räuspern, um die Aufmerksamkeit auf sich zu ziehen und das Wort erteilt zu bekommen. Ihnen wird die Unterbrechung der Rede des Hochschullehrers gewährt, kann sich letzterer von der Unterbrechung doch etwas versprechen, ist gar gespannt auf den Einwand. Dagegen haben gewöhnliche Seminarteilnehmer Mühe, überhaupt dazwischenzukommen. Sie werden hingehalten, ihre Intervention wird als störend empfunden. Sie bringen die Sache nicht weiter, halten sie nur auf. Statements von gewöhnlichen Studenten werden durch teilnahmslose Zustimmung zu ebenso gewöhnlichen Stellungnahmen degradiert. Da gibt es nichts groß zu diskutieren.«[23]

Naturgemäß – nämlich aufgrund des narzißtischen Charakters dieser Übertragung – finden sich Professoren eher in Studenten wieder. Auf Studentinnen scheint ihr Auge meist aus anderen Gründen zu fallen. Jedenfalls gibt es kaum Professorinnen, die von männlichen Förderern berichten.[24] Und wiederum wegen des narzißtischen Charakters darf das umworbene Ebenbild nicht kritisieren oder widersprechen, jedenfalls nicht in zentralen Punkten. Dann wird es bedrohlich und man läßt es – Genialität hin, Genialität her – mit irgendeiner Begründung (meist lautet das Urteil »unqualifiziert«) fallen.

Aus dieser Schilderung dürfte deutlich werden, wie groß der Anteil des elitären Blickes an der Entstehung von Uni-Angst und Uni-Bluff sein muß. Fühlen sich Studentinnen und Studenten veranlaßt, besonders niveauvoll aufzutreten und sich selbst in Pose zu werfen, folgen sie damit wahrscheinlich eher den elitären Vorgaben des Seminarleiters als ihren eignenen Selbstdarstellungsbedürfnissen. Die elitäre Wahrnehmung der Professoren kann von einer kaum glaublichen Brutalität sein. Auch sie ist nämlich von eigener Angstabwehr geprägt. Sie reagiert ihrerseits auf die eltiär-hierarchische Konstruktion des eigenen Faches und auf den noch krasseren wertenden Vergleich zwischen den Fächern. Das zeigt das Protokoll eines Interviews, das Andrea Frank mit einem Professor der Biologie über »seine« Studenten geführt hat: »Die Chemiker ... wissen ganz genau, daß diejenigen, die naturwissenschaftlich schwach sind, aber trotzdem ein naturwissenschaftliches Fach studieren wollen, in die Biologie gehen; d.h. unsere Studenten sind (...) auf einem tieferen Stand. D.h., ich umgehe jetzt die Sache, daß sie dümmer sind. Das Können der Hauptmasse unserer Biologiestudenten ist also auf einem niedrigeren Niveau angesiedelt als das der Chemiker und Physiker (...) Wissen Sie, wir sind ein Fach, wo sich vieles ansammelt, was längst nicht studieren könnte. Wir sind ein Auffangfach.« Damit soll allerdings nicht gesagt sein, »daß unsere Biologiestudenten, mit denen wir wirklich gut arbeiten, die auch unsere wissenschaftlichen Mitarbeiter werden, daß die dümmer seien als ein Chemiestudent – auf keinen Fall, ich spreche von der Masse, vom Durchschnitt. Die Zahl der dummen Naturwissenschaftler ist bei uns größer als in Chemie und Physik.«25

Auswirkungen auf die Studierenden

Es ist die gleiche Art von Abwertung, die schon in der Vorlesung von Schelling deutlich lesbar war. Sie ist das Gegenstück zu dem ständigen Gerede von »wirklicher Wissenschaft«, von »Genie« und »Talent«. In jeder dieser Verweise auf ein anzustrebendes hohes Niveau steckt die Drohung mit dem anderen Pol: die Beschimpfung und Abwertung anderer Studierender als eigentlich nicht an die Universität gehörig. Wie gezeigt, trifft das oft mit einer Unsicherheit auf Seiten der Studierenden zusammen, die aus früh erfahrenen Mangelsituationen und Demütigungen stammt. Die Selbstauslieferung an das Urteil des Professors wird dann noch verstärkt, weil die Beurteilung eine innere Bereitschaft zur Übernahme vorfindet. Die Folgen sind extreme Anpassung oder ebenso extreme Resignation.

Jede Person, die sich einem solchen Urteil ausgesetzt sieht, wird mit Angst reagieren. Die Angstreaktion ist nur zu angemessen. Eine Äußerung im Seminar oder in der Vorlesung, mit der das Risiko verbunden sein könnte, jener verachteten Masse zugeschlagen zu werden, stellt ein kaum zu vertretendes Risiko dar. Es dennoch zu wagen, dazu gehört viel. Generell führt die Risikobelastung bei den meisten Studierenden jedoch dazu, daß sie nur noch fragen oder sagen, was sie sowieso schon wissen. Deshalb hören universitäre Seminare meist schnell auf, Lernveranstaltungen in der eigentlichen Bedeutung des Wortes zu sein. Sie werden vielmehr dazu genutzt, herauszufinden, was gewußt werden muß, um an den Diskussionen relativ risikolos teilnehmen zu können und sich so dem Professor in gutem Licht für die irgendwann anstehende Prüfung zu präsentieren. Dieser Stoff wird dann daheim oder in der Bibliothek nachgelesen und in einem autodidaktischen Verfahren möglichst

schnell angeeignet, damit »man mitreden kann«. Das erklärt das Sammlerverhalten der meisten Studentinnen und Studenten in den Seminaren. Sobald es Papiere zum Mitnehmen gibt, werden beinahe alle – auch diejenigen, die vorher ganz weggetaucht waren – auf eine beinahe gierige Art lebendig.
Freilich kommt nur ein Bruchteil der Seminarteilnehmerinnen und Teilnehmer dazu, die gesammelten Papiere zu lesen. Denn Lernen unter dem Druck der Angst fällt ausgesprochen schwer. Zwar werden manche durch Angst regelrecht angespornt. Vermutlich weil sie den Erfolg, den Triumph über die angstmachende Situation, erwarten. Aber meistens wirkt die Angst lähmend, zumal wenn Situationen der Angst häufiger schon als Scheitern erlebt worden sind. So heißt es in einer international vergleichenden Untersuchung: »Ängstliche Studierende sind oft zugleich mißerfolgsorientiert, wie aus den Antworten der deutschen Studierenden ersichtlich wird. (...) Ängstliche Personen neigen nicht nur beim Lesen von schwierigen Textstellen zum Überspringen, sie finden generell weniger Spaß an komplizierten Aufgaben und lassen diese eher als wenig Ängstliche liegen.« Wer in beängstigenden Situationen den Mißerfolg erwartet, erlebt ihn auch. Und wer ihn erlebt, erwartet ihn auch.[26]
Die universitäre Lehre gerät mithin leicht zu einer Einübung in heimliche und schnelle Autodidaktik.[27] Gelernt und gearbeitet wird zuhause – nicht an der Universität. Dort wird das Erlernte allenfalls vorgezeigt. Was dann präsentiert wird, richtet sich gewöhnlich sehr genau nach den Vorgaben durch den Professor oder die Professorin. Um die prägende Wirkung der Institution Universität genauer bestimmen zu können, will ich deshalb solche Vorgaben näher beleuchten.

Jenseits der unterschiedlichen Inhalte der Fächer und Zeiten gibt es an deutschen Universitäten eine gemeinsame Form, einen Wissenschaftsstil, in dem sich eine konstante Einstellung gegenüber den immer wechselnden Inhalten ausdrückt. Dieses Gemeinsame kam schon in der Textprobe aus Schellings Einführungsvorlesung von 1802 zum Vorschein. Meine These lautet, daß sich, wie so oft, auch an der Universität die Form gegen den Inhalt durchsetzt und so die Anstregung um hohes akademisches Niveau während der vergangenen 200 Jahre trotz aller inhaltlichen und rechtlich-organisatorischen Veränderungen für eine erstaunliche Kontinuität der universitären Strukturen gesorgt hat.
Andrea Frank hat in ihren Beobachtungen zweier so unterschiedlicher Fächer wie Biologie und Psychologie viele Dokumente dieser gemeinsamen Form geliefert. Eines aus der Psychologie stammt ebenfalls aus einer Einführungsvorlesung. Ich will es zum Vergleich mit Schelling als Beleg für meine These ausführlich zitieren und analysieren:
»Der Professor: Ich sage Ihnen jetzt nicht, was Psychologie *ist* sondern was sie *nicht* ist. Psychologie ist erstens nicht: Tiefenpsychologie, sie ist zweitens keine Hilfswissenschaft der Erziehungswissenschaft und Sozialarbeit, und Psycholgie ist drittens kein Instrumentarium der Selbsterfahrung. (...) Diese negative Beschreibung ist das Resultat chronologisch aufgelisteter Vorurteile.
Zu erstens: Tiefenpsychologie/Psychoanalyse wurden vor zwanzig Jahren vor allem über die Medien populär gemacht. Taschenbücher (mit riesigen Auflagen) über Psychoanalyse finden einen erheblichen Absatz, es scheinen immer noch viele Leute daran zu glauben ... auch in der Schule wird das vermittelt ... Die Psychoanalyse ist nichts weiter als eine abenteuerliche Episode, sie ist nicht bedeutend – wie's manche Literaten sagen. Zu zweitens: Vor 10 – 15 Jahren war man der Meinung, Psychologie sei ausschließlich, oder in starkem Maße, eine Basiswis-

senschaft für anderes, vor allem für praktische, politisch motivierte Tätigkeiten. Zu drittens: Der in den letzten 10 Jahren aufgekommene Psychoboom, der in den Medien in Form unklarer und kurioser Arten von »psychologischen« Dienstleistungsangeboten zum Ausdruck kommt, erweckt den falschen Eindruck, daß Psychologie ein Weg zur Selbsterfahrung und Selbstverwirklichung sei. (...) Es ist *gefährlich*, ein Studium der Psychologie in dem Glauben, in der Erwartung anzutreten, irgendetwas aus dem Arsenal dieser Techniken zu lernen, dieser wissenschaftlich nicht fundierten Techniken ... Studentin: Psychologie hat doch etwas mit Therapie zu tun ... Professor: Das ist ein vierter Punkt: Psychologie ist *auch nicht* die Lehre von psychotherapeutischen Verfahren.«[28]

Kennzeichnend für die Passage, und das hat sie mit Schellings Text gemein, ist die negative Abgrenzung gegen alles, was nicht in den Kreis des Wissenschaftlichen aufgenommen ist, mit mehr oder weniger deutlich herablassenden oder abwertenden Formulierungen. Genau wie Schelling wendet sich auch der Professor gegen die Nutzanwendung seiner Wissenschaft (»Dienstleistung«, »Therapie«) und gegen alles Populäre (»auch in der Schule wird das vermittelt«). Andrea Frank dazu: »Fast sinnlich erfahrbar wird der Unterschied zwischen ›richtiger‹ (wissenschaftlicher) Psychologie und Psychoanalyse im ›Taschenbuch-Argument‹: Die Zuhörerin/der Zuhörer sieht förmlich das dicke, gebundene, teure, in kleiner Auflage erschienene, weil nur an und für Experten veröffentlichte wissenschaftliche Gegenstück vor sich. Der letzte Satz zu diesem Thema (›Die Psychoanalyse ist nichts weiter als eine abenteuerliche Episode, sie ist nicht bedeutend – wie's manche Literaten sagen.‹) faßt dann noch einmal zusammen: erstens, es war einmal – zweitens, es war abenteuerlich – und drittens, die, die es anders darstellen sind Literaten (und keine Wissenschaftler!).«[29] Mit sprachlich spitzen Fingern, wie um sich nicht allzusehr zu beschmutzen, behandelt der Professor den »Psychoboom«, der in den »Medien« als »psycho-

logische Dienstleistung« angeboten wird. Es sei geradezu »gefährlich«, dieses »Arsenal« »wissenschaftlich nicht fundierter Techniken« als Psychologie studieren zu wollen. Da nicht begründet wird, was an den Techniken tatsächlich gefährlich sein könnte, wird die Aussage zur globalen Warnung, irgendwelche »wissenschaftlich nicht fundierten« Interessen oder Erwartungen an das Studium heranzutragen. Auch hier setzt der Professor die Tradition Schellings ungebrochen fort.
Man weiß von der Wissenschaft also nur, was sie nicht ist: verständlich, populär, nützlich. Folglich kann man bei der Anstrengung um Wissenschaft wohl nicht fehlgehen, wenn man sich wenigstens um das Gegenteil bemüht: Schwerverständlichkeit, Exklusivität und Zweckfreiheit – kurz: Niveau, hohes Niveau, Weltniveau. Das ist das Wissenschaftliche an der Wissenschaft!

Von den Ritualen der Unverständlichkeit

Professoren werden demnach in Studenten, die den Eindruck erwecken, sie würden Wissenschaft um der Wissenschaft willen betreiben und seien an den gerade aktuellsten, exklusivsten und schwierigsten Themen interessiert, mit hoher Wahrscheinlichkeit ihr idealisiertes Erinnungsbild vom »guten Studenten« wiedererkennen. Schwieriges bis unverständliches Reden und weltabgewandte Exklusivität sind mithin konstitutive Kriterien des universitären Regelsystems, die bestimmen, wer an der Universität »etwas wird« . So breiten sich die sprachlichen und körperlichen Rituale der Unverständlichkeit als Bluff schnell über einen großen Teil der Studentenschaft aus. Je entschiedener jemand seinen »Selbstwert« aus dem äußeren Erfolg und aus dem wertenden Vergleich mit den vermeintlich Erfolgreicheren zieht, je deutlicher jemand also »narzißtisch gestört« ist, desto bereitwilliger übernimmt er diese Rituale und paßt sich den professoralen Vorgaben an. Solche Studenten sind – vielleicht zu ihrem eigenen Schaden – die wahrscheinlichsten Kandidaten für den Pygmalion-Effekt. Andere, die eine Orientierung in sich selbst haben, die ihre Angst wahrnehmen und aushalten können, stehen nicht unter einem derart starken Anpassungsdruck. Ihre Chancen für eine universitäre Karriere fallen entsprechend geringer aus. Die wenigen, die sich den Ritualen der Unverständlichkeit verweigern, werden abgewehrt mit Floskeln wie »schließlich geht es hier um ein wissenschaftliches Publikum mit einer eigenen definierten Fachsprache und nicht um Zeitungslektüre« – womit das Niveauargument ein weiteres Mal wiederholt wäre. Oder es kommt das geradezu absurde Argument: da die Welt komplex sei, müsse auch die Sprache komplex sein – so, als ob die Sprache Wirklichkeit nicht durch Erklärung aufschlüsseln, sondern durch Abbildung verdoppeln müsse.

Hierzu ein besonders schönes Beispiel: »Der Stil nun, der Gefahr läuft, durch seine langen verwickelten Sätze selbst den gutmütigsten Leser zu verprellen, tatsächlich doch in seinem Aufbau die komplexe Struktur der sozialen Welt wiederzugeben sucht, und dies mittels einer Sprache, die Disparatestes zu einer – in sich zugleich durch eine rigorose Perspektive hierarchisierten – Einheit fügt, verdankt sich dem Willen, die traditionellen Formen des Ausdrucks aus Literatur, Philosophie und Wissenschaft so weit wie möglich auszuschöpfen, um auf diese Weise nicht nur Dinge zu Wort kommen zu lassen, die bislang daraus de facto oder de jure verbannt waren, sondern auch jedes Abgleiten der Lektüre in die Vereinfachungen des weltläufigen Essayismus oder der politischen Polemik zu hintertreiben.«[30]

Meine Gefühle und mein Verhalten am Studienanfang waren also sehr realistisch. Und als ich mich, trotz meiner Angst und Einsamkeit, auf die unverständlichsten und schwierigsten Themen gestürzt habe, wählte ich die für den Aufstieg richtige Strategie.

Wie entscheidet sich, wer Professor oder Professorin wird?

Eine Institution ist, was sie ist, nicht nur aufgrund ihrer formalen Strukturen. Selbstverständlich wird ihr Charakter auch durch die Personen festgelegt, die normalerweise dort arbeiten und ihr soziales Klima bestimmen. Von daher ist es für die Analyse der Universität als Institution besonders wichtig, herauszufinden, welche Art Mensch eigentlich Professor oder Professorin wird. Es ist also nach den Kriterien zu fragen, die darüber entscheiden, wer die alles bestimmenden Schlüsselpositionen inne hat?

Die Antwort auf diese Frage ergibt sich aus Untersuchungen über den Aufstiegsweg, der Professorinnen und Professoren dorthin gebracht hat, wo sie heute sind. Männer schaffen es durchweg dank des Pygmalion-Effekts, dank der Förderung durch eine oder mehrere »väterliche Figuren«. Von direkter Förderung durch Professoren berichten Frauen, die es bis zur Professorin geschafft haben, so gut wie nie.[31] Das kann im Grunde nicht erstaunen, denn der Pygmalion-Effekt wird bei ihnen kaum je in Gang kommen. Zudem werden Frauen im Wissenschaftsbereich sowieso als minderwertig angesehen. Das zeigen Untersuchungen an amerikanischen Universitäten, von denen ich annehme, daß sie auch für Deutschland gelten: Männlichen und weiblichen Studierenden wurden identische Aufsätze aus allen möglichen wissenschaftlichen Bereichen zur Beurteilung vorgelegt. Bei den Aufsätzen wurde lediglich der Vorname variiert. Sie zeigten also für denselben Aufsatz einmal eine Autorin, ein andermal einen Autor an. In der statistischen Auswertung wurden Aufsätze, die einen männlichen Verfasser zu haben schienen, sowohl von den Studentinnen wie von den Studenten »als besser geschrieben und informativer« angesehen. War der wortidentische Text mit einem weiblichen Vornamen unterzeichnet, schnitt er in der Bewertung durch die Studenten und genauso auch durch die Studentinnen schlechter ab. »Dem Autor wurde außerdem mehr Kompetenz zugeordnet als der Autorin.«[32]

Diese Studie kann ganz allgemein als Zeichen dafür angesehen werden, in welchem Ausmaß der wertende Vergleich in der patriarchalischen Gesellschaft von der bloßen Geschlechterzuordnung bestimmt ist selbst bei denjenigen, die darunter am meisten zu leiden haben. Für die Universität erklärt sie, weswegen Frauen im Verlauf des Studiums und in der späteren Karriere trotz objektiv gleicher oder gar besserer Qualifikation immer schwerer vorankommen und immer häufiger stecken bleiben, als bewegten sie sich auf zunehmend sumpfigerem Boden. Sie können auf keine Förderung bauen, sondern müssen auf den Zufall hoffen und zugreifen, wenn er sich gegen alle Wahrscheinlichkeit und gegen alle Vorurteile doch einstellt.[33]

Wodurch die Auswahl der späteren Professoren und Professorinnen aus der Vielzahl der habilitierten Bewerberinnen und Bewerber reguliert wird, ist eine wichtige, bezeichnenderweise aber ungeklärte Frage. Da ich darüber (trotz gründlicher Suche) keine Untersuchung finden konnte, bin ich auf Vermutungen sowie Schlußfolgerungen aus eigenen Beobachtungen angewiesen.

Allgemein gilt wohl auch hier die Regel: Professor wird nur, wer anderen Professoren gefällt. Denn sie alleine wählen aus. Man kann davon ausgehen, daß sie sich ihre zukünftige Kollegin oder ihren Kollegen genau anschauen, sind sie doch immer auch zukünftige Konkurrenten um Gelder, Stellen, Beachtung, Kongresse und um die Popularität bei den Studentinnen und Studenten. Offen wird nur über Qualifikation gesprochen. Dabei geht es um die Anzahl der Veröffentlichungen, wie sie besprochen worden sind (nur wenige Mitglieder der Berufungskommissionen lesen wirklich die Arbeiten der Bewerber), was für einen Ruf sich die Person mit ihren Auftritten bei Kongressen verschafft hat und welche Forschungsperspektiven sie vertritt. Die Lehre spielt nach meinen Ermittlungen selten eine Rolle in der Beur-

teilung. Selbst bei Probevorlesungen wird von den professoralen Mitgliedern der Kommission auf die didaktische Leistung kaum geschaut. Denn Verständlichkeit und Popularität sind – wie oben gezeigt – im deutschen Wissenschaftsbetrieb eher verdächtig.
Nach solchen Kriterien wird aus der Menge der Bewerbungen eine Gruppe von Personen ausgewählt, die »in Frage kommen«. Wessen Name dann auf die Vorschlagsliste gesetzt wird, die dem zuständigen Minister zur Auswahl vorgelegt wird, und welcher an die erste Stelle kommt, hängt nach meinem Eindruck vor allem davon ab, wie sehr sich die Mitglieder der Berufungskommission von der Angstabwehr bestimmen lassen. Je mehr sie ihr nachgeben, desto stärker schlagen ganz außerwissenschaftliche Kriterien zu Buche. Meist setzt sich dabei die Abwehr der Angst vor Konkurrenz durch. Dann wird die »netteste« Person als die »qualifizierteste« ausgegeben: unaggressiv, nicht zu profiliert, ohne allzu große Ambitionen und auf ein Spezialgebiet beschränkt, das mit dem der zukünftigen Kolleginnen und Kollegen nicht in Konflikt gerät.
Anders liegt der Fall, kann eine Bewerbung wegen der unbestreitbaren Qualifikation oder wegen der Macht des Förderers nicht abgeschoben werden. Ein solcher Bewerber (oder offensichtlich seltener, eine solche Bewerberin) kommt selbst dann auf den ersten Listenplatz, wenn man die Person als Kollegen oder Kollegin fürchtet. Hier überwiegt einfach die Angst vor dem Spott der Kolleginnen und Kollegen an anderen Universitäten oder vor der Rache des mächtigen Förderers, der den Zugang zu Kongressen und Publikationen unter Umständen erschweren könnte.[34]
Gewöhnlich sitzen die Förderer, ohne die – wie oben gezeigt – beinahe nichts geht, allerdings selbst in der Berufungskommission und sind in gleicher Weise an der Auslese unangenehmer zukünftiger Konkurrenten interessiert. Trifft meine Annahme zu, daß die Angstabwehr das Auswahlverfahren dominiert, dann ergibt sich folgendes Ergebnis – überspitzt und darum vielleicht be-

sonders treffend formuliert: Unter denen, die »in Frage« kommen, werden die grauen Mäuse, sprich: die ungefährlichsten, mit den möglichst engen Mauselöchern, sprich: Spezialgebieten, ausgewählt. Und da die einmal berufenen grauen Mäuse die Berufungskommissionen bestücken, in denen die nächste Professorengeneration ausgewählt wird, verewigt sich das System.
Unbequeme, kantige und streitbare Bewerberinnen und Bewerber haben nur dort eine Chance, wo das Interesse am Stoff und an der Auseinandersetzung über ihn stärker als die Angstabwehr ist.

Die institutionalisierte Asozialität der Professorenschaft

Das im wesentlichen durch die Angstabwehr beherrschte Verhalten bestimmt freilich nicht nur die Auswahl des zukünftigen Personals der Universität. Es imprägniert das gesamte institutionelle Gefüge. Friedrich Valjavec hat das für sein Fach, die Ethnologie, beschrieben.[35] Seine Darstellung dürfte allerdings – die Leserinnen und Leser mögen es prüfen – für beinahe alle Institute und Fächer gelten: Die »Institute gleichen eher Gemischtwarenläden als Filialen eines Konsortiums ... Das Einzelkämpfertum dominiert nicht nur im institutsinternen Rahmen, der gewöhnlich die Aufteilung in verschiedene, nicht unmittelbar zusammengehörige Spezialitäten fördert, er beherrscht (...) das nationale und supranationale Geschehen. Bei überregionalen Veranstaltungen überwiegt das unverbindliche Nebeneinander, andeutungsweise zu Tage beförderte Strömungen zerfließen im Individualismus. Gut gemeinte Initiativen finden Gehör, bleiben aller Erfahrung nach folgenlos. (...) Die Berührungsängste deutscher Ethnologen mit eigenen oder fremden Kollegen sind nicht zu übersehen. (...) Deutsche Kollegen bleiben lieber unter sich nach Spezialitäten getrennt, versteht sich, wenn sie sich nicht gleich aus dem Weg gehen.«[36]

Alle von mir befragten Kolleginnen und Kollegen – aus ganz unterschiedlichen Fächern – bestätigten das gezeichnete Bild. Über Fachliches wird an den Universitäten kaum gesprochen. In den sogenannten Fachgremien geht es um Geld, Stellen, Bürokratie und die Verteilung von Aufgaben. Konzeptionelles etwa in der Lehre bleibt undiskutiert. Die Angaben der Lehrenden werden meist unkommentiert entgegengenommen, sortiert und gleichsam zu einem Katalog des »Gemischtwarenladens« zusammengestellt.

»Die gegenseitige Abkapselung«[37] ist aber nicht nur die Formel, welche die Lehre bestimmt, sie ist auch das Motto, nach dem Forschung betrieben wird. Bedenkt man, daß Wissenschaft eigentlich die Auseinandersetzung und Verständigung unter den vielen Forschenden darüber voraussetzt, was als wahr und was als falsch gelten soll, wird die Absurditität der gegenwärtigen Situation mit Händen greifbar. Die vielgerühmte »scientific community«, die Gelehrtenrepublik, ist nur denkbar, wenn sich ihre Mitglieder über ihre Theorien und Ergebnisse austauschen und streiten. Davor aber scheinen sie die größte Angst zu haben. Und um den konstruktiven Streit abzuwehren, ziehen sie sich in ein Spezialgebiet zurück. »Spezialist ist und bleibt der Einzelgänger mit einer regional begrenzten Erfahrung, aber so vielen Sachkenntnissen, daß ihm ein anderer nicht in die Karten schauen kann. Kritisch-befruchtende Auseinandersetzungen bleiben deshalb meist aus.«[38] So führt vermeintliche Gelehrsamkeit am Ende zu einer Ungeselligkeit, die dem gesellschaftlichen Zweck der Universität direkt widerspricht. Es scheint mir deshalb durchaus gerechtfertigt, von einer institutionalisierten Asozialität der Professorenschaft zu sprechen.[39]

Sie äußert sich sogar in dem ureigensten Produkt der Wissenschaft, den wissenschaftlichen Veröffentlichungen. Wie der Name schon sagt, sind solche Produkte eigentlich dazu bestimmt, der Öffentlichkeit die Ergebnisse wissenschaftlicher Anstrengungen zu präsentieren. Man sollte also meinen, daß wenigstens auf diesem

Wege so etwas wie eine inhaltliche Auseinandersetzung stattfindet. Das ist aber nur ausnahmsweise der Fall. Zwar werden zahllose Aufsätze und Bücher veröffentlicht. Nur wenige werden allerdings gelesen. Noch geringer ist die Zahl der Publikationen, die in anderen Veröffentlichungen verarbeitet und mithin erwähnt werden. Nach den Erhebungen einer US-amerikanischen Firma, dem Citation Index, die seit vielen Jahren die wichtigsten wissenschaftlichen Zeitschriften – 4500 von 74 000 – auswertet, werden von den in solch renommierten Zeitschriften erschienenen Aufsätzen 64% in den fünf Jahren nach ihrer Veröffentlichung nicht ein einziges Mal in einer Fußnote oder im Literaturverzeichnis eines anderen Aufsatzes erwähnt. Beinahe zwei Drittel der prestige-trächtigsten Veröffentlichungen werden also für den Papierkorb, sprich: das Regal geschrieben.[40] Bei weniger berühmten Journalen dürfte das sogar für über 90% der dort publizierten Aufsätze gelten.

Bedenkt man die oben ausgeführten Voraussetzungen wissenschaftlicher Verständigung, dann ist das in der Tat ein bedenklicher Prozentsatz. Es kann freilich nicht überraschen, vergegenwärtigt man sich andererseits, daß die weltweit über 74 000 wissenschaftlichen Zeitschriften pro Jahr mehr als sieben Millionen Aufsätze veröffentlichen.[41] In diesem Meer von Literatur müssen sich als Ankerplätze und Orientierungspunkte kleine Inseln bilden. Es sind die sogenannten Zitierkartelle, zu denen sich jene formieren, die sowieso schon einer Meinung sind.

Natürlich ist in Wahrheit nicht zu ermitteln, wie häufig Aufsätze gelesen werden. Aus eigener Erfahrung und aus Angaben von Kolleginnen und Kollegen schließe ich, daß im allgemeinen nicht sehr viel mehr als das gelesen wird, was nachher auch im Literaturverzeichnis auftaucht. Grob und eher großzügig geschätzt, wird demnach über die Hälfte aller wissenschaftlichen Aufsätze lediglich von den Herausgebern und denen gelesen, die sie geschrieben haben!

Wie ist das zu erklären? Die Antwort ist einfach, naheliegend und erschreckend: Aufsätze werden nicht geschrieben, damit sie gelesen werden. Sie werden geschrieben, damit sie geschrieben sind, nämlich für die Veröffentlichungsliste. Denn bei Bewerbungen sind die Titel und die Länge dieser Liste wichtiger als der Inhalt irgendeines der aufgeführten Aufsätze.

Dazu kommt: in der Regel wird größte Sorgfalt darauf verwandt, Aufsätze und Bücher gegen jedwede Kritik abzusichern, selbst um den Preis der Langeweile und Aussagelosigkeit. Eigene Aussagen werden nur über Unwiderlegbares gewagt, über eindeutig kontrollierbare Details eines Spezialgebietes. Der Blick auf das Ganze eines Faches, um von dort her den Stellenwert des Themas und seiner Details zu bestimmen, wird systematisch unterlassen, obwohl erst eine solche Zugangsweise den Details Bedeutung geben würde. Da eine Kritik oder Widerlegung nicht als Lerneffekt und erfreulicher Fortschritt, sondern als grauenhafte Niederlage, als öffentliche Hinrichtung empfunden wird, hat sich dies Verfahren eingespielt und durchgesetzt. Und insofern wird die Behauptung der Wissenschaftstheoretiker, in den Veröffentlichungen stelle sich die neue Erkenntnis der öffentlichen Kritik, durch die institutionelle Praxis tagtäglich zum schönen Mythos herabgesetzt.

Dort, wo tatsächlich eine wichtige Entdeckung mitgeteilt wird, geht es auch nicht um Verständigungsangebote oder den Versuch, sich womöglich fruchtbarer Kritik zu stellen. Die Veröffentlichung hat die Funktion einer Patentanmeldung: Hiermit erkläre ich mein Erstentdeckungsrecht für die Wissenschaftsgeschichte auch mit Blick auf die eventuelle Verleihung etwaiger Preise.

All dies macht deutlich, daß Wissenschaft an den Universitäten nicht der Kommunikation über Inhalte dient. Denn Wissenschaftlerinnen und Wissenschaftler haben »einen starken Antrieb zum Veröffentlichen von Aufsätzen, aber einen ziemlich schwachen, sie auch zu lesen.« [42]

Die Situation ist tatsächlich jedoch noch widersprüchlicher, als ich sie bisher geschildert habe. Denn man will sich einen Ruf erwerben – im doppelten Sinne: den Ruf auf einen Lehrstuhl und den Ruf, hervorragendes Mitglied der »scientific community« zu sein. Dazu ist es unverzichtbar, gelesen und erst recht zitiert zu werden. Je häufiger jemand nämlich zustimmend zitiert wird, desto größer seine oder ihre Reputation, die sich bis zum Ruhm steigern kann.
Ich kenne das gut von mir: Bei jedem Buch oder Aufsatz, der von einem Gebiet handelt, über das auch ich geschrieben habe, schaue ich als erstes im Literaturverzeichnis nach, ob mein Aufsatz oder Buch darin aufgeführt ist. Wenn nicht, nehme ich das der Autorin oder dem Autor persönlich übel – mehr noch, als wenn ich ablehnend zitiert oder kritisiert würde – und lese bereits mit Vorbehalt.
Nehme ich an, ein solches Verhalten sei typisch, so ergibt sich ein merkwürdiger Widerspruch: Einerseits wollen alle Wissenschaftlerinnen und Wissenschaftler in der Fachwelt möglichst wahrgenommen werden. Andererseits treibt sie ihr eigenes, narzißtisches Interesse dazu, ihre Kolleginnen und Kollegen möglichst nicht wahrzunehmen. Arbeiten anderer, etwa gleichrangiger Wissenschaftlerinnen und Wissenschaftler werden nur zitiert, um sie entweder zu kritisieren oder einem Steinbruch gleich für die eigene Theorie auszubeuten – so wie antike Tempel zum Bau der mittelalterlichen Kirchen benutzt wurden. Unbefangen und häufig werden lediglich die bereits anerkannten »Größen« des Faches zitiert.
Das Ergebnis ist eine zweigeteilte Welt: Auf der einen Seite steht die große Masse der kaum gelesenen und noch seltener zitierten Aufsätze und Bücher. Auf der anderen die kleine Gruppe derjenigen Texte, die immer und überall zitiert werden. Deren Autoren (Frauen werden in den Kreis nur selten aufgenommen) gelten als die Größen des Faches. Diesen Umstand macht sich der

oben erwähnte Citation Index zunutze. Weil die Größen von allen zitiert werden, kann man mit ihrer Hilfe auch jeden kleinen Aufsatz zum Thema finden. Sie sind die Stange im Kleiderschrank der Wissenschaften, an der sozusagen die Bügel aller zum Thema gehörigen Kleider und Anzüge aufgehängt sind.[43]

Wenn ich mit einem wissenschaftlichen Publikum im Kopf schreibe, dann bin ich genauso bestimmt von Ehrgeiz und Angst. Im Ehrgeiz träume ich davon, wahrgenommen und anerkannt zu werden, vielleicht sogar selbst zu einer »Kleiderstange« zu werden, wenn schon nicht im Fach, so doch wenigstens innerhalb meines eingeschränkten Themas. Solche Ambitionen treiben die pompösen Formulierungen hervor, die auf Ewigkeit zielen. Eine schwerwiegendere Folge des Ehrgeizes ist, daß ich nicht mehr das Stück Wirklichkeit sehe, das ich eigentlich verstehen und erklären wollte. Mein Blick ist vor allem auf die Theorien der »Größen« gerichtet, denen ich gleichen möchte.

In der Angst sehe ich mich widerlegt, öffentlich bloßgestellt, in Grund und Boden kritisiert. Der Versuch, sich gegen das Wahrwerden eines solchen Alptraums zu wappnen, verschärft die Abwendung von der zu erklärenden Wirklichkeit. Ich werde mich, wo immer möglich, wiederum auf eine der »Größen« des Faches berufen. Daraus entstehen Texte, die mir – bei anderen, versteht sich – wie komplizierte Netze vorkommen, die hoch über den zu behandelnden Problemen an den Masten der »großen« Namen aufgespannt sind. Die Auseinandersetzung mit ihnen ersetzt das Problem: »Wie x in seinem Buch z sagte, wohingegen v in w einwandte, woraus in Abhebung zu y und im Gegensatz zu u geschlossen werden kann, daß ...« Jeder Buchstaben steht für den Namen einer der Größen, mit denen ich mich auf eine Ebene stelle. Indem ich sie kritisiere, sie gegeneinander abwäge, mache ich mich, wenigstens dem Schein nach und für die Dauer meiner gelehrigen Betrachtung, zu einem von ihnen. Der Bezug zum Problem wird ersetzt durch den Bezug zur Literatur. Die Sprache wird kompliziert. Sie setzt Leserinnen und Leser voraus, die bereits genauso viel über das Thema und die dazu veröffentlichte Literatur kennen wie ich. So entsteht der typisch universitärwissenschaftliche Text: trocken, verstaubt, ohne nachvollziehbaren Bezug zu einem spannenden Problem, dafür voller Bezüge zu den großen Theorien des Faches.

Von der universitas *zur Schrebergartenkolonie*

Professorinnen und Professoren sehen sich also zwischen zwei diametral entgegengesetzten Bestrebungen gefangen. Einerseits wollen sie in der Angstvermeidung jeder Konkurrenz und Konfrontation aus dem Weg gehen. Dazu verkriechen sie sich in ihrem engen Spezialgebiet und verstecken sich hinter den »Größen« des Faches. Andererseits treibt sie der Ehrgeiz dazu, auch zu diesen »Größen« zählen zu wollen, selbst die »Kleiderstange« zu werden, an der alle anderen Aufsätze und Bücher aufgehängt sind.

Aus diesem Zwiespalt läßt sich eine polemische Geschichte der deutschen Universität konstruieren: Angst und Vorsicht begünstigen einen Prozeß der Zersplitterung in immer speziellere Fachgebiete, der die *universitas* nach und nach in ein Kleingartengelände verwandelt, dessen Parzellen zunehmend winziger und mit immer höheren Hecken gegeneinander abgegrenzt werden. Demgegenüber motiviert die andere Seite des Zwiespaltes, die Größenphantasie von Weltruhm und wissenschaftlichem Einfluß, die Inhaber der Parzellen dazu, ihre jeweiligen Kleingärten mit Stellen, Forschungsmitteln, Buchprojekten, Forschungsprojekten, Zeitschriften, Kongressen und Institutsgründungen auszubauen. Sie gehorchen damit einfach dem schon vor 40 Jahren von Parkinson entdeckten und von ihm nach sich selbst benannten Gesetz: »1. ›Jeder Beamte oder Angestellte wünscht die Zahl seiner Untergebenen, nicht aber die

Zahl seiner Rivalen, zu vergrößern‹, und 2. ›Beamte oder Angestellte schaffen sich gegenseitig Arbeit‹.«[44] Irgendwann sind die Parzellenbesitzer und die wachsende Schar ihrer Untergebenen am Ziel. Dort winkt die Anerkennung als neues Bindestrich-Fach. Dort setzt sich dieser Prozeß der Abspaltung und des nachfolgenden Wachstums wie bei der Zellteilung in einem quasi natürlichen Prozeß fort, bis das Bindestrich-Fach so unüberschaubar vielfältig ist, daß es schließlich beanspruchen darf, ein selbständiges Fach eigenen Rechts zu sein. So wird aus der *universitas* eine riesige, durch weitere Parzellenteilung und deren ständiges Wachstum sich ausdehnende Schrebergartenkolonie.[45]

Und die Lehre?

Für die Lehre und folglich für die Studierenden hat dieser Prozeß schlimme Folgen. Jede neue Parzelle und Subparzelle muß sich in der Lehre verankern – wenn irgend möglich als Pflichtveranstaltung. Das heißt keineswegs, daß sich ihre Vertreterinnen und Vertreter auch tatsächlich inhaltlich in der Lehre engagieren. Es geht um etwas ganz anderes. Nur dann, wenn sie einen Fuß in der Lehre haben, gelten sie als Fach, können sich Hochschullehrer nennen und neue Mittel und Stellen beanspruchen. Deshalb wiederholt sich das zersplitternde Wachstum der Disziplin in den Lehrplänen. Das Wissen darüber, was eigentlich das Fach ausmacht und was von den Absolventinnen und Absolventen des Faches als Minimum beherrscht werden muß, verliert sich selbst für langjährige Insider. Die Hecken zwischen den Parzellen sind hoch. Jede fordert zum Eintritt auf und behauptet, sie sei eigentlich das Ganze und Wichtigste. Studienanfängerinnen und Studienanfängern wird der Schrebergarten dadurch zum Labyrinth.

Das war schon zu Zeiten Schellings so. Er warnte seine – nur männlichen – Erstsemester: »Der Jüngling, wenn er mit dem Beginn der akademischen Laufbahn zuerst in die Welt der Wissenschaften eintritt, kann, je mehr er selbst Sinn und Trieb für das Ganze hat, desto weniger einen anderen Eindruck davon erhalten, als den eines Chaos, in dem er noch nichts unterscheidet, oder eines weiten Ozeans, auf den er sich ohne Kompaß und Leitstern versetzt sieht.«[46]

Zu all dem kommt hinzu, daß sich die Inhaber der Unterparzellen nicht nur voneinander abschotten, sondern sich durch ihre Größenphantasie häufig auch noch verpflichtet fühlen, so zu tun, als ob sie das ganze Fach seien. Der bereits mehrfach zitierte Professor für Ethnologie, Valjavec, formuliert das in seltener Offenheit: »Die Lehrkompetenzen werden und müssen überschritten werden, weil andernfalls das *Prestige* der Unterrichtsbeauftragten Schaden nähme und sie sich gegenüber der Profession de- oder disqualifizierten. (...) Von den Verantwortlichen (...) und von den in Erwartungshaltung erstarrten Studenten (...) werden Ansprüche an die Unterrichtenden herangetragen, die sie zu kleinen Universalgenies machen würden, hielten sie sich daran – und an die von ihnen mitformulierten Lehrankündigungen ... Geradezu besorgniserregend sind die fehlenden, oder verschwommenen, Kriterien zur Bestimmung dessen, was als Grundwissen zu gelten habe und was es nun an Stoff anzueignen gäbe.«[47]

Das reale Chaos wird also durch eine Bluff-Präsentation überdeckt, die in jeder Unterparzelle anders aussieht, weil sie sich jeweils als Mittelpunkt des Faches ausgibt. Erstsemester, die keine eigenen ausgeprägten Interessen haben, sind dem hilflos ausgeliefert. Sie gehen entweder resigniert in Passivität unter oder hängen sich an eine oder einen der Parzelleninhaberinnen oder -inhaber an, übernehmen ihre oder seine Sicht und werden frühzeitig zu dem, was die Studentenbewegung »Fachidioten« nannte.

Für die Hochschullehrerinnen und Hochschullehrer selbst läuft die Lehre, die ihnen immerhin ihren Namen gibt, sowieso unter der Rubrik »ferner liefen ...«. Schon auf dem Weg zu Habilitation und Berufung ist allenfalls wichtig, daß überhaupt gelehrt wurde, nicht jedoch, was in der Lehre geschah. Danach tritt die Lehre völlig in den Hintergrund. Wieder zitiere ich dazu den Professor der Ethnologie: »Die – lästige – Vergabe von Seminarscheinen dient der Beruhigung des Gewissens (von Dozenten und Studenten), die Abnahme von Prüfungen (Magister) folgt (...) ab und zu ähnlichen Überlegungen. (...) Warum das ganze Brimborium, wird sich mancher fragen, wenn es zu nichts nütze ist, außer zu zusätzlichem Frust? Vermutlich geht es um Zeitgewinn, Minimierung von Konflikten, Einlobung von Haushaltsmitteln und Personalstellen.«[48] Und das resignierte Fazit: »Bisher scheiterten (...) alle Versuche kläglich, die Ausbildungsbedingungen im Bereich des Möglichen zu harmonisieren.«[49] Weshalb das so ist, erklärt sich aus dem Widerspruch zwischen der Flucht ins enge Mauseloch der Spezialisierung und dem Traum vom Ruhm. In diesem Spannungsgefüge von Absturzangst und Größenphantasie kommt Lehre überhaupt nicht mehr vor. Auf geradezu unverschämte Weise zeigt dies ein Aufsatz über »Leistungsmessung wissenschaftlicher Hochschulen in der Bundesrepublik Deutschland«.[50] Um die »Leistung« der Hochschulen festzustellen, werden in der vom Autor referierten wissenschaftlichen Literatur alle möglichen Variablen ausgewertet (Promotionsquote, Habilitationsquote, DFG-Gutachterquote, Berufungsquote, Drittmittel etc. etc,) – die Lehre wird nicht einmal erwähnt.

In anderen Ländern – besonders in den USA und in den Niederlanden – sind Bewertungen der Lehre durch die Studierenden seit langem üblich. Als sich der »Spiegel« bei seiner Bewertung bundesrepublikanischer Hochschulen dieser Tradition anschloß, empörte sich die akademische Welt und nannte die Studie »methodisch zweifelhaft« und natürlich »niveaulos«.[51] Das gleiche Urteil – und dazu ein Verbreitungsverbot durch den Präsidenten, weil sie die Namen der Lehrenden nannte – traf eine Studie an der Freien Universität Berlin, die zu dem Ergebnis gekommen war, bei etwa einem Drittel der Lehrenden würde es überhaupt nicht auffallen, wenn sie ganz aus der Lehre verschwänden. Sie hinterlassen bei den Studierenden weder einen Lerneffekt noch sonst einen positiven Eindruck.[52]

Wer sich, wie vor allem die an der Universität beschäftigten Frauen, um die Lehre kümmert, wird dafür noch bestraft.[53] Ihre Veranstaltungen werden von überdurchschnittlich vielen Studierenden besucht, und ihre Sprechstunden sind überlaufen. Sie sind beliebt. Und wie alles Populäre an der Universität werden auch sie dafür verachtet. Helga Kotthoff berichtet: »Aber je mehr Beteiligung sie (die Professorinnen, W.W.) in ihren Kursen erreichten, umso weniger hielten die Studierenden sie für kompetent in ihrem Fach. Diesen traurigen Sachverhalt zeigten auch andere amerikanische Studien über Unterrichtsinteraktionen und Wahrnehmung der Unterrichtsstile. Frauen erreichen, daß die Student/inn/en weniger eingeschüchtert sind und sich trauen, ihren Mund aufzumachen. Aber leider scheint die Einschätzung einer Person als kompetent etwas zu tun zu haben mit der Angst vor ihr. Kompetenzeinschätzung und Beliebtheit fallen bei den Frauen weiter auseinander als bei den Männern, bei denen sich die Schere aber auch bemerkbar macht.«[54]

Hier werden meines Erachtens die Folgen dessen deutlich, was schon am Anfang des Kapitels in dem Zitat von Schelling angeklungen und was letztlich die Ursache der ganzen Uni-Misere ist: ein Wissenschaftsbegriff, der – aller Inhalte entleert – zur Anstrengung um höchstes Niveau aufruft und die eigene Person mit ihren Interessen als die gefährlichste Fehlerquelle überhaupt denunziert. Das Schwierige, das Fremde, das von der eigenen Person möglichst weit weg Liegende, das tendenziell Unverständliche wird dann ganz unabhängig vom jeweiligen Inhalt zum Symbol und Ausweis des hohen Niveaus, das anziehend und herausfordernd wirkt und sich zugleich dem Verständnis verschließt.

Damit rückt der Wissenschaftsbegriff als entscheidende Ursache für Uni-Angst und Uni-Bluff in den Blick.

ZUSAMMENFASSUNG

Seit Beginn des 19. Jahrhunderts hat man die deutschen Universitäten der Professorenschaft zur privaten Nutzung überlassen. Folglich muß eine Analyse, die sich um das Verständnis der kulturellen Wirkung dieser Institution bemüht, vom professoralen Einfluß auf das Lernen ausgehen. Dabei zeigt sich, daß die Professoren in einem elitären Blick zwischen untauglicher Masse und den förderungswürdigen Wenigen unterscheiden, die so sind, wie sie einst als Studenten hätten sein wollen. In dieser diskriminierenden Konstruktion wird Wissenschaftlichkeit auf Exklusivität, Unverständlichkeit und hohes Niveau reduziert. Der dadurch erzeugte abstrakte Niveau-Druck wirkt auch auf die Professorenschaft selbst zurück und spannt sie in den Widerspruch zwischen Drang nach Ruhm durch hohes Niveau und Angst vor der Blamage ein. Wird diese Angst nicht immer wieder zugelassen und in das Handeln und Denken bewußt mit einbezogen, sondern nach den üblichen Mustern abgewehrt, entstehen institutionelle Kompromisse unterschiedlicher Kombination, deren gemeinsames Merkmal die Abschottung gegen Kritik und Spezialisierung auf der einen Seite und das Aufblähen des abgeschotteten Spezialbereichs auf der anderen Seite ist. Der so entstandene Schrebergarten mit immer kleineren Parzellen, die sich immer größer geben, gestaltet sich für die Studierenden zum Labyrinth. Orientierung ist in ihm kaum zu erlangen, es sei denn, die Studierenden bringen ein eigenes, inhaltliches Interesse bereits mit.

Engagement in der Lehre ist unter den Lehrenden wie bei den Studierenden häufig verdächtig, weil dem Bemühen um Verständlichkeit und Vermittlung der Ruch mangelnden wissenschaftlichen Niveaus anhaftet.

VIERTES KAPITEL
Der Wissenschaftsbegriff

Wissenschaft erscheint im Studium nahezu ausschließlich als Ergebnis. Wie das Ergebnis zustande gekommen ist, bleibt verborgen. Die Darstellung des Ergebnisses wird aber durch all die Ängste und Hoffnungen bestimmt, die ich im vorigen Kapitel beschrieben habe: die Hoffnung auf Anerkennung, vielleicht gar Ruhm, und die Angst vor Kritik, vielleicht gar Blamage. Alles, was die Anerkennung gefährden und Anlaß zu Kritik bieten könnte, alles Unklare und Zweifelhafte, wird für die Darstellung des Ergebnisses aus dem angesammelten Material entfernt. Dadurch entsteht eine Version, die dem herrschenden Wissenschaftsbegriff entspricht. Er wird damit zum Dreh- und Angelpunkt, an dem sich entscheidet, was hoffähig und präsentabel ist.

Die These dieses Kapitels lautet: Wissenschaft besteht in ihrer sozialen Wirklichkeit aus zwei Teilen, dem schöpferischen, chaotischen und personenzentrierten Entstehungsprozeß und dem nachgeschalteten, streng logischen, systematischen und distanzierten Rechtfertigungsprozeß. Beide sind notwendige Teile der Wissenschaft, die zwei Hälften eines Ganzen. Ohne Entstehungsprozeß kämen keine neuen Gedanken und Modelle in die Wissenschaft. Ohne Rechtfertigungsprozeß gäbe es keine Rationalität, keine überprüfbaren Verallgemeinerungen, sondern nur mehr oder weniger originelle und interessante Gedankensammlungen.

Im herrschenden Wissenschaftsbegriff fällt jedoch die eine Hälfte, der Entstehungsprozeß, unter den Tisch. Er wird verleugnet und aus Angst vor Kritik im verborgenen gehalten. Denn in ihm stecken die Unsicherheiten, die willkürlichen Konstruktionen. Die Daten sind noch chaotisch, die Fragestellung schwankt und wandelt sich dauernd. Die Theorie ist schwammig und eher von Bildern als von Prämissen geprägt. In dieser Phase sind vor allem die Motive, Hoffnungen und Träume der Forschenden wichtig, weil sie den Antrieb liefern, um all die Schwierigkeiten bis zur Formulierung eines vorläufigen Ergebnisses durchzustehen. Der Entstehungsprozeß ist durch die persönlichen Vorlieben und Gesichtspunkte der beteiligten Menschen, ihre Denkweisen, Hoffnungen und Interessen gekennzeichnet. Für den vorherrschenden Begriff von Objektivität summieren sich solche Merkmale aber zum schwerwiegendsten Vorwurf, der gegen eine wissenschaftliche Arbeit erhoben werden kann. Alle Spuren von Subjektivität gilt es zu tilgen.

Deshalb werden die erarbeiteten Daten nach den Kriterien des Wissenschaftsbegriffes durchgegangen, überarbeitet und für das wissenschaftliche Publikum aufbereitet. In diesem nachgeschalteten Rechtfertigungsprozeß werden alle Unstimmigkeiten eliminiert. Nicht ganz eindeutige Begrifflichkeiten und Daten werden geglättet. Ein vermeintlich lückenloser Zusammenhang mit der bereits erschienenen wissenschaftlichen Literatur wird hergestellt. In den Naturwissenschaften, vor allem in der Physik und Chemie, müssen die Ergebnisse in eine streng logische, aus klaren Prämissen abgeleitete Theorie eingebaut werden. Andere Wissenschaften stellen bescheidenere Anforderungen an den logischen Aufbau ihrer Theoriebildungen. Da genügt es, wenn die Theorien logisch stimmig und einleuchtend sind. Vor allem aber werden die forschenden Personen mit ihren Motivationen, Bildern und Hoffnungen zum Verschwinden gebracht, so daß von ihnen keine direkten Spuren mehr zu finden sind außer in der Autorenschaft. Und gerade sie ist insbesondere im Feld der Naturwissenschaften oft die größte Lüge. Denn die Professoren oder Projektleiter, die kaum etwas mit der eigentlichen Laborarbeit zu tun haben, werden als Autoren zwar an letzter Stelle, aber eben bei jedem Aufsatz des Labors genannt und streichen so das ganze Prestige samt etwaiger Preise ein.[1]

Studierende erfahren vom Entstehungsprozeß erst dann

etwas, wenn sie selbst in der Forschung tätig werden. Davor werden ihnen immer nur die gereinigten Ergebnisse des Rechtfertigungsprozesses aufgetischt. Und das ist Bluff! Gewöhnlich lassen sie sich auch bluffen. Was bleibt ihnen wohl anderes übrig? Diese Irreführung hat fatale Folgen. Der Eindruck entsteht nämlich, daß sie in ihren Diskussionsbeiträgen, Referaten und Diplomarbeiten so denken und schreiben müßten, wie es die bereits durch den Rechtfertigungsprozeß aufpolierten Ergebnisse nahelegen. Sie lassen sich allzu bereitwillig zu der Annahme verleiten, Forschung verlaufe in den Bahnen, die Wissenschaft in Journalen, Lehrbüchern und Vorlesungen nachzeichnet. Weil sie nicht merken, daß eine solche Selbstdarstellung in Wahrheit Bluff ist, geraten sie in eine systematische Selbstüberforderung, die den Zyklus von Uni-Angst und Uni-Bluff erst so richtig in Gang bringt.

Im Vorgriff auf das nächste Kapitel wird aus dieser These schon deutlich, worin meiner Ansicht nach die wichtigste Gegenstrategie besteht: die beiden Hälften des Wissenschaftsprozesses müssen wieder zum Ganzen ihrer Wirklichkeit zusammengesetzt werden.

Entmythologisierung der Wissenschaft

Wissenschaft präsentiert nur ihre eine Hälfte. Der anderen zur Geltung verhelfen zu wollen, läuft auf eine Entmythologisierung der Wissenschaft hinaus. Ein Mythos ist eine Geschichte, die durch die Art ihrer Erzählung herrschende Zustände zugleich erklärt und rechtfertigt.[2] Eine Wissenschaft, die ihren Entstehungsprozeß verschweigt und nur noch die geschönte, glatte Seite des Rechtfertigungsprozesses präsentiert, macht sich selbst zu einer derartigen Erzählung: es ist zwar eine unpersönliche und langweilige Geschichte, doch es ist ein Geschichte, und sie wird in erklärender und selbstrechtfertigender Absicht vorgetragen.

Wissenschaft, die lediglich eine Seite ihres wirklichen Verfahrens preisgibt, entspricht tatsächlich einem altgriechischen Mythos über die Geburt der Wissenschaft aus der Vergewaltigung und dem Mord an der Weisheit: Zeus vergewaltigt dieser mythischen Erzählung zufolge Metis, die Verkörperung der Weisheit, weil sie sich seinen Nachstellungen entzogen hat. Die Ehefrau von Zeus schwört ihm daraufhin voller Rache, das nächste Kind der Metis werde ein Mann, der ihn genauso stürzen werde, wie Zeus einst seinen eigenen Vater gestürzt habe. Daraufhin ermordet Zeus Metis, die Weisheit. Er verschlingt sie, so daß er die Weisheit buchstäblich gefressen hat. Sie verwandelt sich aber in seinem Inneren, rutscht vom Bauch in seinen Kopf und wächst dort in neuer Gestalt heran bis sie ihm – bei einem nachdenklichen Spaziergang am See – unerträglichen, brüllenden Schmerz verursacht. Um ihn von diesem Kopfweh zu befreien, schlagen die anderen Götter einen Spalt in seinen Schädel. Aus ihm entspringt – mit einem Triumphschrei – Athene, Göttin der Wissenschaft, geharnischt und bewaffnet, ewige Jungfrau und Parteigängerin des Zeus gegen die anderen weiblichen Gottheiten.[3]

Die um ihren Entstehungsprozeß bereinigte Wissenschaft gleicht dieser mythischen Vorlage aufs Haar: die Weisheit als eine unsystematische Summe von Kenntnissen, die Bilder, unlogische Schlüsse, diffuse Ahnungen und wenig bewußtes Wissen umfaßt, muß vergewaltigt und zum Verschwinden gebracht werden, damit schließlich allein die gegen jeden Angriff gefeite, jungfräulich reine, jedoch sterile Wissenschaft triumphieren kann.

Forschung in Aktion[4]

Meine These zur sozialen Wirklichkeit der Wissenschaft will ich an einigen Beispielen verdeutlichen. Dazu muß ich allerdings ein wenig ausholen, da ich mich auf Ludwik Flecks geschichtliche Darstellung der Entdeckung

der Syphilis stützen möchte, die den Vorteil hat, besonders anschaulich zu sein.
Die Syphilis ist eine schwer zu erkennende Krankheit. Sie trat irgendwann nach der Entdeckung Amerikas plötzlich in Europa auf. Ihre Symptome sind zeitlich und räumlich unzusammenhängend, brechen hervor und verschwinden wieder, um nach vielen Jahren in anderer Form und an anderem Ort wieder zu erscheinen. Es lag deshalb überhaupt nicht nahe, die verschiedenen Phänomene als Symptome ein und derselben Krankheit anzusehen. Noch ungewöhnlicher war der Gedanke an einen »Erreger«, der durch das Blut zu den Orten seiner unheilvollen Wirksamkeit getragen werde. Die damals gültige Wissenschaft erklärte die Syphilis astrologisch. Zum Zeitpunkt ihrer ersten Erscheinung herrschte eine Konstellation von Saturn und Merkur, aus der sich alle Erscheinungen wunderschön und stimmig herleiteten. Die andere Erklärung stützte sich auf den gut dokumentierbaren Zusammenhang zwischen dem Sexualverhalten der Kranken und ihren Symptomen. Die Krankheit zeugte von den Abnutzungserscheinungen eines liederlichen Lebenswandels. Gegen diese herrschende Lehre mußte sich die neue Theorie durchsetzen.
Anfangs bewegen sich neue Interpretationen noch ganz auf dem Boden des alten »Denkstils« – wie Fleck das nennt. Die Entdeckerinnen und Entdecker neuer Tatsachen merken meist gar nicht, daß sie einer neuen Theorie auf der Spur sind, weil sie innerhalb der alten Theorie denken und innerhalb ihres Rahmens etwas prüfen und beweisen wollen. So formulierte Kopernikus, der »Entdecker« der Sonne als Zentrum unseres Planetensystems, seine völlig umwälzende, neue Theorie überwiegend in Begriffen und Vorstellungen des alten ptolemäischen Weltbildes. Auch waren seine Tatsachenerklärungen zwar einfacher, allerdings entschieden schlechter als diejenigen der alten Theorie, denn er nahm kreisförmige und nicht – wie später Kepler – eliptische Bahnen an.[5]
Revolutionäre der Wissenschaft formulieren die weni-

gen neuen Gedanken also zuerst ganz zaghaft, schüchtern und immer bereit, alles zurückzunehmen, sollte ihnen widersprochen werden. Die Großen des Faches, die Autoren (und heute auch Autorinnen) der Lehrbücher und Veranstalter der Pflichtvorlesungen, widersprechen aber in aller Regel nicht. Sie ignorieren die zaghaften Einwände und die neuen Tatsachen, bestehen auf der herrschaftlichen Unangefochtenheit ihres eigenen Denkstils. Das zwingt die Vertreterinnen und Vertreter der neuen Ergebnisse in die Isolation, wo sich ihre Überlegungen nach und nach zu einer konkurrierenden, ausgebauten Theorie mausern. Wenn sie dann selbst Lehrstühle innehaben, ist ihr Theoriegebäude so weit entfaltet und anerkannt, daß es in Vorlesungen und Lehrbücher Eingang findet.

Die heute gültige wissenschaftliche Theorie über die Syphilis entstand laut Ludwik Fleck genauso zaghaft und durchaus regellos aus Bildern, Träumen, Mythen, die weitgehend dem vorbewußten Denken, dem Primärprozeß, entstammen. In dem anfänglichen Chaos, den widersprüchlichsten Beobachtungen und Aussagen einer sich gerade formierenden, neuen Theorie schaffen solche außerwissenschaftliche Bilder ordnende Bezugspunkte. Sie bahnen den neuen Begriffen und ihrer Interpretation der Fakten, die dann später als wissenschaftlich bedeutsam gelten, einen ersten Weg. Mit Flecks Worten: »Die erste stilverworrene Beobachtung gleicht einem Gefühlschaos: Staunen, Suchen nach Ähnlichkeiten, Probieren, Zurückziehen; Hoffnung und Enttäuschung, Gefühl, Wille und Verstand arbeiten als unteilbare Einheit. (...) Die Arbeit des Forschers heißt: im verwickelten Gemenge, im Chaos, dem er gegenübersteht, das, was seinem Willen gehorcht, von dem, was sich von selbst ergibt und sich dem Willen widersetzt, zu unterscheiden. Dies ist der feste Boden, den er sucht (...) So entsteht *die Tatsache: zuerst ein Widerstand im chaotischen anfänglichen Denken, dann ein bestimmter Denkzwang, schließlich eine unmittelbar wahrzunehmende Gestalt* (Hervorhebung im Original).«[6]

Bei der Syphilis war das anfänglich organisierende Konzept die eher literarische, aus der griechischen Antike stammende Idee vom verseuchten Blut. Wie gezeigt, widersprach sie der damals gültigen Krankheitslehre völlig. Auch paßten die Ruhephasen im Krankheitsverlauf nicht zu dem Bild vom vergifteten Blut, das stetig Symptome hätte produzieren müssen.
Die Theorie vom verseuchten Blut mußte deshalb stimmig gemacht werden. Dazu griffen die Forscher auf ein anderes Bild zurück, das mit der Medizin gar nichts, dafür um so mehr mit den damals populären Ritterromanen zu tun hatte: das Bild von der belagerten Stadt mit Stadtmauer, Angreifer und Verteidigungstruppen. So konnten sie das zeitweise Verschwinden der Symptome erklären: Den Verteidigungstruppen war es eben gelungen, die Invasoren einzukreisen und in einer Ecke der Stadt abzukapseln. Nach einiger Zeit kommen die Invasoren aber wieder zu Kräften und sprengen den Verteidigungsring. Dann fallen sie plündernd und mordend über einen anderen Körperteil her und produzieren dort die Symptome. Das Bild lieferte fruchtbare Vergleiche und machte Zusammenhänge deutlich, die, auf den menschlichen Körper übertragen, nicht nur die Syphilis erklären, sondern die gesamte bis heute gültige Infektionslehre ausmachen.
Es ist aber durchaus möglich, vielleicht sogar sinnvoller, Infektionskrankheiten mit einem ganz anderen Bild zu deuten – dem ökologischen Bild von unterschiedlichen Lebewesen, die in einem System gegenseitiger Abhängigkeiten ihre Lebensbedingungen optimieren müssen. Nach dieser Betrachtungsweise kann der Syphilis-Erreger im menschlichen Körper deshalb so lebhafte Aktivitäten entfalten, weil er dort ideale Lebensbedingungen vorfindet. Da sind keine Stadtmauern, keine Abwehrtruppen, kein hin- und herwogender Kampf, sondern die ruhige Idylle ökologischer Nischen, die manchmal Symptome erzeugen (wenn die Gefräßigkeit groß ist), manchmal nicht (wenn die Nahrung in der Nische ausgeht). Der Erreger kommt nur deswegen zu Tode, weil

er schließlich in seiner Gefräßigkeit die Welt, von der er lebt, selbst zerstört: der Mensch stirbt. Dennoch – das Modell von der belagerten Stadt ist auch heute noch die theoretische Grundlage der Infektionslehre. Daran zeigt sich, daß Modelle nicht »wahr« oder »falsch« sind, sondern nur mehr oder weniger tauglich zur Erklärung beobachtbarer Erscheinungen. Und bisher ist das gültige Infektionsmodell noch nicht an seine Grenzen gestoßen.
In dem Bild der belagerten Stadt bekundet sich aber etwas noch Allgemeineres. Evelyn Fox Keller, eine Vertreterin feministischer Wissenschaftskritik, hat in den Naturwissenschaften auch sonst eine – aus ihrer Sicht – typisch männliche Weltsicht aufgedeckt, aus der solche Bilder wie das von der belagerten Stadt stammen. Es ist die Vorstellung vom autonomen Individuum, das ständig bedroht ist, also um sein Überleben kämpfen und sich gegenüber der feindlichen, äußeren Welt abgrenzen muß.[7] Die Wahl gerade dieses kriegerischen Bildes im Kontrast zum eher idyllischen von den unterschiedlichen ökologischen Nischen im Körper ist demnach durch eine rein männlich geprägte Weltsicht bedingt. Es gibt wohl keine Weiterentwicklung von Wissenschaft ohne solche Modell-Anleihen aus allen möglichen Bereichen. Sie erfolgen meist assoziativ und sind daher eng an persönliche Sichtweisen und Erfahrungen gebunden. Das muß kein Grund zur Sorge sein, denn ausschlaggebend für die Bevorzugung bestimmter Bilder im Erkenntnisprozeß der Wissenschaften sind keineswegs Wahrheitsfragen, sondern, ob die Bilder fruchtbar werden und neue Orientierung stiften können. Dennoch und gerade deshalb ist die Wahl solcher Modell-Anleihen einer frühen Weichenstellung vergleichbar, die dem Zug der wissenschaftlichen Theorien und Ergebnisse seine Richtung gibt.
In der Biologie haben feministische Wissenschaftskritikerinnen Beispiele dafür gefunden, wie männlich bestimmte Modell-Anleihen eine geradezu absurde Sicht der Welt zur Wissenschaft erheben. So führt sie in den Evolutionstheorien zu dem abwegigen Ergebnis, daß

praktisch nur der Mann mit seinen auf Kampf programmierten Genen Träger der Entwicklung sei. Die weiblichen Gene, die bei der Fortpflanzung die andere Hälfte ausmachen, blieben außer Betracht.[8] Und in Studien über das Verhalten der Tiere stießen erst Wissenschaftlerinnen auf die eigentlich naheliegende Erkenntnis, daß nicht der in den männlichen Kämpfen siegreiche Platzhirsch, sondern die Bereitschaft und Fruchtbarkeit der weiblichen Tiere letztlich über die Fortpflanzung entscheiden.[9]

Die Wissenschaft wird so durchaus – wie das im Mythos von Athenes Geburt beschrieben ist – zur Parteigängerin männlicher Macht. Denn ihre popularisierten Ergebnisse und Interpretationen verschmelzen mit dem eigenen Erleben zu einem Alltagswissen, anhand dessen Männer wie Frauen sich selbst und die Welt interpretieren, auf einseitig männliche Weise, ohne es je merken zu müssen. Von diesen Bildern und Konstruktionen, die gerade deshalb Orientierung verschafften, weil sie weder wahr noch falsch sind, wird im nachfolgenden Rechtfertigungsprozeß so sehr abstrahiert, daß sie ihrer ursprünglichen Form völlig entkleidet sind und nur noch mit großen analytischen Anstrengungen rekonstruiert werden können. Im Prozeß dieser Umformulierung werden sie gleichzeitig dogmatisiert und aus dem ursprünglichen Gestaltbild wird »Wahrheit« – eine Ideologie. Da wird dann von den Entdeckungen erzählt, als ob sie tatsächlich, wie Athene aus dem gespaltenem Kopf des Zeus, aus dem des Wissenschaftlers in vollem Ornat entspringen würden – mit einem Triumphschrei. Und wie jene Geschichte damals, so haben auch diese Geschichten heute mythisch-religiösen Charakter. Sie sind genauso wirklichkeitsfremde, symbolische Erzählungen, die einen Herrschaftsanspruch rechtfertigen und gegen etwaige Infragestellung absichern sollen.

Erst diesem dogmatisierten Endprodukt begegnen die Studentinnen und Studenten im Studium. Alles davor bleibt verborgen. Welche Funktion dieses Verfahren hat, wird von Fleck unzweideutig beschrieben: »Die Einweihung in einen Denkstil, also auch die Einführung in eine Wissenschaft sind erkenntnistheoretisch jenen Einweihungen analog, die wir aus der Ethnologie und Kulturgeschichte kennen. Sie wirken nicht nur formell: der heilige Geist senkt sich auf den Neuling herab und bis jetzt Unsichtbares wird ihm sichtbar. Dies ist die Wirkung der Aneignung eines Denkstiles.«[10]

Der mythische Charakter einer auf das dogmatisierte Endergebnis reduzierten Wissenschaft schlägt auf das gesamte Studium durch und gibt ihm die Funktion einer religiös-rituellen Initiation. Das Tabu aber, dessen Einhaltung das Zwanghafte der Riten erst ausmacht, ist der ungeheuerliche Verdacht, die beteiligten Personen könnten einen Anteil oder gar ein Interesse an dem haben, was sie da betreiben. So gibt sich die Wissenschaft logischer, unpersönlicher, zwingender, eindeutiger und universeller, als sie in Wirklichkeit ist. Sich als mehr oder anders auszugeben, als man ist, das ist – Bluff.[11]

Auch diese Art Bluff will gelernt sein. Nach der Initiation durch das Studium muß beim Verfassen der Abschlußarbeit, soweit sie ein Resultat wirklicher Forschung ist, auch gelernt werden, wie sie in den gerade gelernten herrschenden Denkstil des Faches einzupassen ist. Dies haben Jürgen Klüver und Jörn Schmidt im Fach Chemie untersucht. Sie protokollierten dazu Besprechungen zwischen dem Diplomanden und seinem professoralen Betreuer. In geradezu exemplarischer Weise wird beim Lesen dieser Studie vor Augen geführt, wie der Entstehungsprozeß zum Verschwinden gebracht und das Resultat über den Rechtfertigungsprozeß zur Diplomarbeit aufgemotzt wird. Zum Beispiel sagt der Professor: »Einleitung und Problemstellung kommt immer vorweg, ja, das müßte man überlegen, was da reinkommt. Ob man das Problem so schildert, wie's ursprünglich mal ... (Student: Hem.) ... dagewesen ist, oder ob man das entsprechend den neuen Erkenntnissen anders formuliert«[12]. Besondere Experimente werden im nachhinein angestellt, »um damit mögliche Kritikpunkte oder denkbare Alternativen möglichst auszuschließen. Es werden also weitere Experimente geplant, die voraussichtlich noch gut passende Ergebnisse liefern werden, kompliziertere Fälle oder solche mit geringen Erfolgsaussichten werden dagegen fallengelassen. So vermehrt Abrundung die Menge an Ergebnissen, die als Fakten im literarischen Produkt darstellbar sind.«[13] Die wissenschaftliche Literatur, die laut Wissenschaftsmythos der Ausgangspunkt aller Forschung ist, auf die sie sich beziehen, die sie bestätigen oder widerlegen soll, dient in Wirklichkeit einem umgekehrten Ziel: »Zum notwendigen Anschluß an die einschlägige Literatur braucht hier nicht viel gesagt zu werden – dies unterscheidet die Chemie in keiner Weise von irgendeiner anderen Wissenschaft – naturwissenschaftlicher, sozialwissenschaftlicher oder geisteswissenschaftlicher Provenienz. Durch einen derartigen Anschluß werden die eigenen Ergebnisse in eine konstruierte Kontinuität einer Akkumulation von Ergebnissen gestellt und damit einer *grundsätzlichen* Kritik entzogen.«[14]

Ich habe bewußt Beispiele aus den Naturwissenschaften gewählt. Da dort die rigorosesten methodischen Anforderungen gestellt werden, gelten sie als die eigentlich »wissenschaftlichen« Wissenschaften. Was sich für sie an methodischem Bluff nachweisen läßt, gilt erst recht in anderen Fächern. So sind die Verhältnisse etwa in den Sozialwissenschaften um ein Vielfaches krasser. Regelrechte Modeströmungen der Wissenschaft lassen sich feststellen. Ein »Diskurs« (eigentlich Gespräch – aber mit Gespräch hat das kaum etwas zu tun, denn da scheint Wissenschaft sich selbst zu sprechen und die Menschen passen sich ihr an) löst den nächsten wie in der Konfektionsbranche ab: Marxismus, Funktionalismus, Strukturalismus, Poststrukturalismus, Dekonstruktivismus, Postmoderne ... Der Bluff, die einschüchternde Sprache, der Wirbel von gewichtigen Zitaten und Verweisen, aber auch die primitiveren Mittel: »das Plagiat, die Piraterie, Fassaden der Geschäftigkeit und andere intellektuelle Betrügereien«, sind beinahe normale Mittel im Kampf der jeweiligen Trends.[15]

Der Zusammenhang von Angst und Wissenschaftsbegriff

So, wie ich bis jetzt argumentiert habe, mag der Eindruck entstanden sein, ich wollte den Rechtfertigungsprozeß verurteilen. Nichts liegt mir ferner. Es geht mir vielmehr um ein durch Wirklichkeitsnähe korrigiertes Verständnis der Wissenschaft. Da sie dem Bild, das sie von sich selbst gewöhnlich entwirft, nicht entspricht, ist Mißtrauen angebracht. Wer den üblichen Selbstdarstellungen der Wissenschaft glaubt, läßt sich unnötig ins Bockshorn jagen. Dafür findet sich sogar ein statistischer Beleg. Studierende, die fest davon überzeugt sind, Wissenschaft strebe »gesicherte Wahrheit und unumstößliche Erkenntnis« an, erzielen in empirischen Tests zur Studienangst deutlich höhere Werte als solche, die meinen, Wissenschaft bemühe sich im Grunde um »stets vorläufige Erklärungen und Interpretationen der Wirklichkeit«.[16] Solche Daten machen begreiflich, daß es bei niederländischen Studierenden, unter denen nur 2% der Studienabgänger dem absoluten Wissenschaftsbegriff anhängen, kaum Studienangst gibt. In Deutschland dagegen, wo über ein Viertel der Studierenden noch im neunten Semester einem Verständnis von Wissenschaft als »gesicherte Wahrheit und unumstößliche Erkenntnis« anhängen, ist die Studienangst viel stärker ausgebildet. Der Unterschied ist keine Erscheinung jüngeren Datums. Heinrich Heine, der welterfahrene Spötter, beschreibt ihn schon 1834 in einem Vergleich zwischen England und Deutschland, wobei die Niederlande sicherlich auch damals dem englischen Beispiel näher standen als dem deutschen. Heine über die deutsche Wissenschaft: »Sehr gründlich, unermeßbar gründlich, sehr tiefsinnig, stupend tiefsinnig, aber eben so unverständlich.«[17] Über viele Seiten macht er sich über die deutschen Philosophen lustig, die in einer gigantischen Anstrengung ein in sich vollständiges und zusammenhängendes Systems nach dem anderen aufstellen und eine »unumstößliche Wahrheit« nach der anderen in gewaltigen Ersatzrevolutionen durch eine entgegengesetzte ersetzen.[18] Von der englischen Wissenschaft berichtete er dagegen ganz im Sinne der Formulierung »stets vorläufige Erklärungen und Interpretationen der Wirklichkeit«: »Newton hat ganz Recht, wenn er bemerkt, daß dasjenige, was wir Gesetze in der Natur nennen, eigentlich nicht existirt, und daß es nur Formeln sind, die unserer Fassungskraft zu Hülfe kommen, um eine Reihe von Erscheinungen in der Natur zu erklären.«[19] So hat der Musikliebhaber Newton das Farbspektrum auf sieben Farben festgelegt, um eine Übereinstimmung mit den sieben Tönen der Tonleiter herzustellen.[20]

Ähnlich ironisch beschreibt der schwedische Sozialwissenschaftler Johan Galtung in unserer Zeit den Unterschied zwischen den beiden Wissenschaftsstilen. Den deutschen nennt er »teutonisch«. Ihn kennzeichnet, daß »im Zentrum der intellektuellen Tätigkeit die Theoriebildung steht. Die Funktion der Daten besteht darin, vor allem zu illustrieren und nicht zu beweisen.«[21]

Ganz anders der angelsächsische Stil, unter dessen Einfluß wohl auch die niederländischen Studierenden zu ihrer respektlosen Einstellung gegenüber Wissenschaft und ihrer daraus resultierenden geringeren Studienangst kommen: »Alle Quellen gründlich erforscht zu haben, alle Daten zusammengestellt zu haben, ohne etwas zu verschleiern, ist das entscheidende Kriterium für Wissenschaftlichkeit.«[22]

Daraus entstehen laut Galtung ganz gegensätzliche Stile des Diskutierens. Im Angelsächsischen wird »der/die erste Diskutant(in) seine oder ihre Wortmeldung mit der üblichen Bemerkung beginnen, wie etwa: ›Es war mir ein Vergnügen, den Vortrag von Mr. X zu hören, und ich bewundere nicht nur seine Beherrschung der Fakten, sondern auch die Zusammenstellung der Fakten, aber ...‹ Die mit ›aber‹ beginnende Einschränkung wird dann möglicherweise sehr lang werden und viele bohrende Spitzen und beißende Bemerkungen enthalten, aber höchstwahrscheinlich wird doch am Ende eine schmeichelhafte beifällige Äußerung stehen. (...) Der US-Professor in einem Graduiertenseminar wird sein Bestes tun, um selbst in der miserabelsten Darbietung doch jenes Körnchen Gold zu finden, das, wenn man es poliert, noch glaubwürdigen Glanz erzeugt.«[23] Im teutonischen Stil dagegen »wird sich niemand von seinem oder ihrem Weg abbringen lassen, nur um das kleine Körnchen Gold zu finden, das kleine Element Hoffnung, auf dem sich aufbauen ließe – im Gegenteil: die Diskutanten werden schnurstracks auf den schwächsten Punkt zusteuern. (...) Dieser schwächste Punkt wird aus dem Meer von Worten herausgefischt, ins hellste Rampenlicht gestellt, damit auch ja keine Zweifel aufkommen, und dann mit dem Seziermesser auseinandergenommen, was mit beachtlicher Wendigkeit und Verständigkeit geschieht. (...) kein Versuch wird unternommen, das Blut aufzuwischen und das verletzte Ego wieder zusammenzufügen. (...) Der vortragende Angeklagte erlebt die Situation als Opfer. Da er das aber schon vorher weiß, wird er wohl, um sich nicht unterkriegen zu lassen, auf der Hut sein und lieber auf Nummer Sicher gehen, von Anfang an nicht von der vorgeschriebenen Bahn abweichen, einige einleitende Bemerkungen machen, die feindliche Aufmerksamkeit ablenken, indem er die gehörigen magischen Worte ausspricht, den Autoritäten Gehorsam zollt und sich weiterer Kunstgriffe bedient.«[24]

Selbst wenn man Galtungs karikierende Überzeichnung in Rechnung stellt, läßt sich ein – wie ich meine – ziemlich überzeugendes Ergebnis festhalten. Seit über 150 Jahren neigen Wissenschaftler und Philosophen in Deutschland dazu, ihre Kolleginnen und Kollegen vernichtend zu kritisieren und sich selbst in einer Atmosphäre angestrengter Ernsthaftigkeit durch überhöhte Ansprüche zu terrorisieren. Selbstverständlich gedeiht unter solchen Bedingungen eine Kultur der Angstabwehr, die sich bei weniger vernichtender Kritik, mit humorvoller Selbstironie und durch das Backen etwas kleinerer Brötchen vermeiden ließe – wie die Daten aus den Niederlanden zeigen. Deutsche machen sich demnach das Leben an der Uni zusätzlich und unnötig schwer.

Ein Blick auf die deutsche Wissenschaftsgeschichte

Wissenschaft ist schon immer und überall ein Unternehmen gegen die Angst gewesen. Die Geschichte der Aufklärung ist die des Versuches, die Angst vor den inneren und äußeren unbegriffenen Mächten durch wissenschaftlich-rationales Verstehen zu bannen und schließlich Macht über die Welt zu gewinnen. Es scheint dann ein geradezu absurdes Ergebnis zu sein, wenn das Unternehmen gegen Angst selbst zur Quelle von Angst wird, wie dies besonders in Deutschland der Fall ist. Frage ich nach den Gründen für diese seltsame Umkehrung des Verhältnisses von Angst und Wissenschaft in Deutschland, kann ich selbstverständlich nur spekulieren und ein – eher spielerisches – Gedankenmodell anbieten.

Für alle Universitäten in Europa galt vom frühen Mittelalter an, daß akademische Titel einen erworbenen Adel darstellten: »Noch ehe das 13. Jahrhundert zu Ende ging, war der Doktortitel zu einer Art Adel geworden. Auch der niedrig Geborene wurde durch denselben den ersten Kreisen der Gesellschaft gleichgestellt, und das hatte in jenen von Standesgegensätzen beherrschten Jahrhunderten eine ganz andere Bedeutung als heute. Kleiderordnungen und Luxusgesetze behandelten den Doktor wie einen Edelmann, bei den Festlichkeiten war ihm ein Ehrenplatz und der Vortritt sicher, bei Prozessen genoß er vielerorts Bevorzugungen usw.« [25]

In den folgenden Jahrhunderten entwickelten sich die großen Länder Europas ganz unterschiedlich. England und Frankreich zentralisierten sich um einen reichen, absolutistischen Hof. Deutschland blieb in eine Vielzahl konkurrierender kleiner, relativ armer Fürstenhäuser zersplittert. Während sich an den reichen englischen und französischen Höfen viele neue Wege (Wirtschaft, Politik, Verwaltung) ergaben, in den Adel aufzusteigen, bot in Deutschland eigentlich nur die akademische Karriere – sieht man von wenigen Ausnahmen ab – eine Chance, wenigstens zum Mitglied eines Quasi-Adels zu werden.

Zur Professorenschaft zu gehören war das Höchste, was ein Nichtadeliger in Deutschland erreichen konnte. Dieser soziale Status wurde zum Orientierungspunkt aller um Aufstieg bemühten Bürger. Das erklärt nicht nur – wie Norbert Elias dargelegt hat – den spezifisch auf innerliche Bildungswerte ausgerichteten deutschen Kulturbegriff im Unterschied zu den mehr am Äußerlichen orientierten Begriff der Zivilisation in Frankreich und England.[26] Dafür ist der im vorangegangenen Kapitel erwähnte Unterschied zwischen dem deutschen Studium als »Erziehung durch Wissenschaft« und dem englischen als »Erziehung zum Gentleman« ein gutes Beispiel. Es erklärt auch das immer noch unüberbietbare soziale Prestige des deutschen Professors, das in den europäischen Nachbarländern keine Parallele findet.[27] Im »Volk der Dichter und Denker« ist ein Professor angesehener als ein Bundeskanzler, wie die Gestalt Ludwig Erhards bewiesen hat. Wo in Frankreich Fernsehauftritte, Leitartikel in renommierten Tageszeitungen und hohe Auflagen wissenschaftlicher Publikationen prestigeträchtige Ziele der Professorenschaft bilden, weil Spitzenpositionen in Politik und intellektueller Publizistik allemal mehr zählen als Universitätsprofessuren, da gelten in Deutschland umgekehrte Wertschätzungen.[28] Unter deutschen Professoren und Professorinnen ist Popularität ein sicheres Zeichen für den Abstieg aus dem Olymp des reinen Geistes. Vielleicht müssen sie sich in solch überirdischen Gefilden über ihren Mangel an wirklicher Macht durch um so machtvollere Theorien hinwegtrösten. Eine solche Vermutung würde jedenfalls erklären, weshalb sich viele deutsche Professoren in Geschichte und Gegenwart tiefsinnig und unzugänglich um Würde bemühen unter Aufbietung eines nichts als die Wahrheit beschwörenden Wissenschaftsbegriffes.

Diese Versessenheit auf Abgrenzung nach unten und Rechtfertigung eines Quasi-Adels hat Heinrich Heine am Beispiel des deutschen Oberphilosophen Immanuel Kant unnachahmlich klar beschrieben: »Warum aber hat Kant seine Kritik der reinen Vernunft in einem so grauen, trockenen Packpapierstyl geschrieben? Ich glaube, weil er die mathematische Form ... verwarf, fürchtete er, die Wissenschaft möchte etwas von ihrer Würde einbüßen, wenn sie sich in einem leichten, zuvorkommend heiteren Tone ausspräche. Er verlieh ihr daher eine steife, abstrakte Form, die alle Vertraulichkeit der niederen Geistesklassen kalt ablehnte. Er wollte sich von den damaligen Popularphilosophen, die nach bürgerlichster Deutlichkeit strebten, vornehm absondern, und er kleidete seine Gedanken in eine hofmännisch abgekältete Kanzleysprache.«[29]

ZUSAMMENFASSUNG

Der Wissenschaftsprozeß besteht eigentlich aus zwei Teilen, dem Forschungs- oder Entstehungsprozeß, in dem die forschende Person noch eine zentrale Rolle spielt, und dem nachfolgenden Rechtfertigungsprozeß, in dem die Ergebnisse nach distanzierten logischen Regeln überprüft und dem herrschenden Wissenschaftsbegriff angeglichen werden. In Vorlesungen, Aufsätzen und Büchern taucht der erste Teil praktisch nie auf. Statt dessen präsentiert sich Wissenschaft gewöhnlich als unpersönlich, logisch zwingend und makellos durchdacht mit universellem Anspruch. Im Entstehungsprozeß dagegen ist sie noch als vorläufige Konstruktion und bloßer Erklärungsversuch erkennbar, der sehr viel mit den Wissenschaft treibenden Personen und ihren Lebenszusammenhängen zu tun hat.

Im internationalen Vergleich zeigt sich, daß ein statistischer Zusammenhang zwischen Studienangst und Wissenschaftsbegriff besteht. In den Niederlanden, wo Wissenschaft eher im Zusammenhang des Entstehungsprozesses als vorläufige Erklärung angesehen wird, ist Studienangst relativ wenig verbreitet. Dagegen ist die Studienangst in Deutschland, wo Wissenschaft von ihrem Resultat, vom Rechtfertigungsprozeß her begriffen wird, viel deutlicher ausgeprägt.

FÜNFTES KAPITEL
Gegenstrategien

Nach allem, was ich bisher ausgeführt habe, entstehen die Probleme der Universität nicht aus der Angst, sondern aus ihrer Abwehr. Sie führt zu Anpassung, zu Vermeidungshandlungen und damit zur Einschränkung von Lebens- wie Erfahrungsmöglichkeiten. Angstabwehr läßt eigentlich spannende Themen, die anfangs voller Saft und Kraft waren, langweilig werden und zunehmend vertrocknen. Denn in ihr triumphiert das universitäre Grundrezept: Angriffsfläche verringern. Die Aussage wird relativiert und auf das reduziert, was unangreifbar scheint. Alles möglicherweise Gefährliche wird weggestrichen. Vor allem der Entstehungsprozeß mit seinen anschaulichen Beispielen, Bildern und persönlichen Bezügen muß verheimlicht, seine Spuren aus dem Endprodukt getilgt werden. Übrig bleibt das von allem Fleisch gereinigte Gerippe der »reinen Wahrheit« – in unpersönlichen Formulierungen, die suggerieren, die Erkenntnis bringe sich selbst hervor. Um sich noch weiter gegen mögliche Angriffe abzusichern und um die Dürftigkeit des verbliebenen Erkenntnisrestes zu verbergen, wird dieser unter einem Haufen von referierten Theorien, Zitaten, Zahlen und Verweisen auf höchstem Niveau begraben. So entsteht das normale wissenschaftliche Referat, der normale Zeitschriftenaufsatz, die normale Diplom- oder Doktorarbeit und das normale wissenschaftliche Buch – auch dieses. Bei aller Bemühung um Klarheit, Verständlichkeit und Angreifbarkeit wird auch mein Text voller Spuren der Angstabwehr, also voller Bluff sein. Ich würde die eigene Analyse widerlegen, wenn es nicht so wäre.

Bei einer Gegenstrategie kann es also nicht um ein Rezept gehen, mit dessen Hilfe alles, was bisher falsch war, ab jetzt richtig gemacht werden könnte. Erst recht geht es nicht um einen Weg zur Vermeidung der Angst. Denn gerade in der Vermeidung bleibt man ihr untertan. Es geht vielmehr darum, die Angst zu spüren, wann immer sie auftritt, und sich weder durch sie selbst noch durch ihre Abwehr bestimmen zu lassen.

Mit dem Bogen auf ein Ziel schießen

Ich will das an einem Beispiel verdeutlichen, das ich bei Gregory Bateson gefunden habe: Wenn Menschen mit Pfeil und Bogen auf eine Zielscheibe schießen, dann treffen nur wenige das Schwarze im Zentrum, obwohl alle darauf zielen. Der Zufall und mangelndes Können beeinflussen die wirkliche Bahn des Pfeiles. Gelänge es von vornherein, immer ins Schwarze zu treffen, verlöre die Übung schnell an Reiz. Erst die Abweichung schafft den Reiz, zugleich aber auch die Unsicherheit. Sie erzeugt Spannung wie Frustration, vielleicht sogar Angst vor dem Spott der anderen. Reiz wird also immer mit Unsicherheit, Sicherheit dagegen mit Langeweile bezahlt. Es ist ein Austauschverhältnis. Beides gleichzeitig, hohe Sicherheit und hoher Reiz, ist nicht zu haben.

»Mit einem Bogen auf ein Ziel schießen« hieß im Altgriechischen ein Wort, das die Wurzel zum heutigen Begriff »stochastisch« bildet. Stochastisch nennt man deshalb alle Prozesse, in denen wie beim Bogenschießen der Zufall eine wichtige Rolle spielt und in denen unter den zufälligen Ereignissen nach vom Zufallsprozeß unabhängigen Kriterien eine Auswahl stattfindet. Geschichtliche Entwicklungen in Natur und Gesellschaft, schöpferische Kunst, Kommunikation und – alles Lernen sind demnach stochastische Prozesse.[1]

Gemeinsam ist diesen Prozessen, daß sie Neues hervorbringen, und zwar einzig und allein durch die Abweichung vom Bekannten oder die neue Kombination von Bekanntem. Erst die erkannte Abweichung vom Ziel macht eine Korrektur notwendig, die einen Lernprozeß in Gang bringt, wo sich Versuch und Irrtum mit erneutem Versuch und verringertem Irrtum im Prinzip endlos abwechseln. Lernen findet also überhaupt nur dann statt, wenn Abweichung erlaubt, subjektiv reizvoll und wünschenswert ist.

Sich das Nicht-Wissen erlauben

Aus meiner Sicht ist diese im Grunde simple Tatsache der Dreh- und Angelpunkt aller Gegenstrategien: sich das Nicht-Wissen zu erlauben, es als notwendige Voraussetzung für Lernprozesse und damit für die Entstehung von Neuem zu begrüßen. Grundlage des Bluffs ist es dagegen, in der Angstabwehr das Nicht-Wissen zu verstecken. Bluff wird damit zum zentralen Lernhindernis. Das Eingeständnis des Nicht-Wissens ist an der Universität beinahe immer mit Angst verbunden, denn der wertende Vergleich beruht dort auf dem Wissen. Es wäre müßig, auf inneruniversitäre Veränderung zu hoffen, haben die vorangegangenen Kapitel doch gezeigt, daß die deutsche Universität ein schwerfälliger Koloß ist, der seinen Kurs seit 200 Jahren stur beibehält. Weder Kriege noch Revolution, weder die Nazis noch die Alliierten, weder SED noch HRG, auch nicht die Studentenbewegung konnten daran dauerhaft etwas ändern. Die Träger der Institution, die Professoren (und wenige Professorinnen), paßten sich inhaltlich an jede neue Richtung bis zur Prostitution an; doch der Form nach ist sich die Universität treu geblieben: Das elitäre Klima und die Anstrengung um Niveau prägen ihr Erscheinungsbild. Letztlich aber siegt die Form immer über den Inhalt – gerade darin liegt die Schwierigkeit.

Damit will ich keineswegs der Resignation das Wort reden. Institutionelle Veränderungen sind auch bei scheinbar allmächtigen Institutionen möglich. Das haben die friedlichen Revolutionen in der DDR und den anderen

Ostblockstaaten gezeigt. Dennoch: für Spekulationen darüber, wie eine Veränderung der deutschen Universität möglich wäre, ist ein Buch wie dieses nicht der Ort. Ich muß vielmehr von den bestehenden, schlechten Bedingungen ausgehen und untersuchen, wie es möglich ist, unter ihnen zu studieren, ohne sich zu verlieren.
Dabei gilt vor allem die Lehre des Bogenschießens: der Reiz des Neuen wird mit Unsicherheit, die Sicherheit dagegen mit Langeweile bezahlt. Eins ist abhängig vom anderen, Zunahme des einen bedeutet Verringerung des anderen. Es gibt deshalb nie ein »richtig« oder »falsch«, sondern immer nur eine für die Person im Moment stimmige Kombination. Sie kann im nächsten Moment ganz anders aussehen. So kann es kein gültiges Rezept für ein »richtiges« Studium geben, besteht es doch aus unterschiedlichen Phasen. Phasen der Sicherheit, in denen wichtig ist, das Gelernte zu sichern, zu üben, zu vertiefen und sich nicht mit neuen Reizen zu verunsichern. Sie werden – hoffentlich – von Phasen abgelöst, in denen rasende Neugier und brennender Wissensdurst alle Angst überwinden, alle arrogant gezuckten Augenbrauen und elitiären Zurechtweisungen (»Was, das wissen Sie nicht!?«) wirkungslos werden lassen und so die Kraft verleihen zur – »dummen« Frage.
Bei der Gegenstrategie geht es also darum, immer wieder zu prüfen, ob die Angstabwehr, zu der die Situation zu drängen scheint, tatsächlich notwendig ist. Vielleicht stellt sich bei dieser Selbstprüfung heraus, daß es möglich ist, mehr von sich zu zeigen, von den offenen Fragen, dem Noch-nicht-Wissen, von den inneren Antrieben, die das Thema interessant machen. Und womöglich ereignet sich Unerwartetes, daß nämlich Neugier und der Reiz des Neuen die Angstabwehr besiegen und ein lebendiger Austausch mit anderen Neugierigen zustande kommt. Das wäre jedesmal ein kleiner Sieg über die Institution Universität.

Die Frage »Wie studieren und sich nicht verlieren?« setzt voraus, daß man sich selbst schon ein wenig gefunden hat, andernfalls gäbe es nichts zu verlieren. Zum sich selber Finden gehört, sich darüber klar zu werden, welche Gründe zur Wahl gerade dieses Faches geführt haben. Beim Forschen danach sollte man sich nicht mit schnellen Antworten zufrieden geben, sondern auf die seltsamsten Umwege gefaßt sein, wie zum Beispiel bei dem Schmetterlingsforscher Dwight aus Heimito von Doderers Roman »Dämonen«:

»Im Elternhaus zu Buffalo mochte der kleine Dwight am meisten den Keller. Jede Flasche hatte in einer Wand von Beton ein waagrechtes, ihrem Querschnitt angemessenes Loch, darin sie gesondert lag. (...) Er lief hinter der Mutter mit zwei Körben durch die Keller und trug hinauf, was sie ausgewählt hatte. Er trachtete, diese Amtshandlung nie zu versäumen und dafür stets bereit zu sein. (...) Der Keller war eine Sammlung. Die Zu- und Abgänge (...) wurden stets vermerkt. Als Dwight sich durch eine saubere Handschrift auszuzeichnen begann – es war das erste, was an dem Knaben besonders auffiel –, erlaubte ihm der Vater, das Kellerbuch zu führen.

Ein anderes waren die Schmetterlinge. Dwight lernte sie erst auf der Universität näher kennen; als Knabe hatte er sich nicht viel um sie gekümmert. Nach mehreren schon abgelegten Prüfungen in seinem Fache, der Zoologie, verfiel Dwight am Ende des zweiten Studienjahres auf die Schmetterlinge. Aus der Kindheit brachte er hierfür weder besondere Erlebnisse noch Vorkenntnisse mit. Die Schmetterlinge waren da im ganzen für ihn das ungefähre Gegenteil des Kellers gewesen. Sie flatterten dann und wann in ungeordneter Weise über den Büschen und Beeten des Gartens.

Aber es gab Schmetterlingsbücher, ganz ebenso, wie es einst ein Kellerbuch gegeben hatte. Das Studium einer Fachwissenschaft ist einer Brautschau ähnlich. Die gesamte Heilkunde oder die gesamte Zoologie oder die gesamte Altertumswissenschaft führen an sehr viele und verschiedene Objekte der Liebe heran, bis endlich ein aus fast unerforschlichen Wurzeln der Biographie heraufsteigender Eros sich auf eines oder einige derselben stürzt: die Karzinome, die Lepidoptera oder die Brakteaten. Es gehört dazu auch, daß normale Mitbürger nicht einmal wissen können, was das nun eigentlich sei. Wann der Sprung des spezialen Eros in Dwight sich vollzogen hatte, wußte er selbst nicht ganz genau, aber doch annähernd: es war entweder beim Nachschlagen in einem älteren Werk gewesen, (...) oder aber vor den Schaukästen der Sammlungen. Auch das Leichte, Flatternde dort oben im Garten konnte also geordnet werden, ebenso fundamental wie der Keller. «[2]

Solch ein emotionaler, »erotischer« Hintergrund erzeugt natürlich einen besonderen Blick auf den Gegenstand. Der Wissenschaftler Dwight wird bei den Schmetterlingen eben nicht die Freiheit suchen, die im chaotischen Flattern poetisch locken könnte, sondern umgekehrt das Beängstigende dieser Freiheit durch Ordnungsschemata bannen wollen – so wie er möglicherweise vor den beängstigenden Beziehungen in seinem Elternhaus zu der Ordnung im Keller geflüchtet ist. »Ein aus fast unerforschlichen Wurzeln der Biographie heraufsteigender Eros« findet sich hinter jeder Thematik und prägt somit auf wenig bewußte Weise den Zugang und das Verständnis des Themas, ja des ganzen Faches.

Untersuchungen über die unterschiedlichen Einstellungen von Studierenden zeigen, daß es Gemeinsamkeiten von Studierenden eines Faches gibt, die oft nur mit einem solchen »aus fast unerforschlichen Wurzeln der Biographie heraufsteigenden Eros« erklärt werden können. Dazu einige Beispiele:

Studierende der Medizin zeigen häufiger als solche anderer Fächer eine Tendenz, »die vorhandenen Spannungen im Selbstbild durch eine statusorientierte Studienmotivation zu kompensieren«. Mit den Spannungen im Selbstbild sind Abweichungen in Persönlichkeitstests von den Ergebnissen der Gesamtbevölkerung gemeint.

Da zeigen Studierende der Medizin eine geringere Fähigkeit, Ungewißheit zu ertragen, und ein vermindertes Streben nach Dominanz.[3] Bei ihrem Statusstreben steht nicht das Einkommen im Vordergrund wie bei den Studierenden der Wirtschaftswissenschaften[4], sondern ein rigoros definiertes Bild vom »guten Arzt«. Eine solche idealisierte Arztrolle könnte demnach tatsächlich die Funktion haben, mit ihrem herrschaftlichen Charakter das mangelnde Dominanzstreben und mit ihrer demonstrativen Sicherheit die Probleme beim Ertragen von Unsicherheit auszugleichen.

Eine ähnliche Ausgleichsfunktion des Studienfachs für persönliche Schwierigkeiten beim Umgang mit der Welt deutet sich auch bei den Unterschieden zwischen Studierenden der Mathematik und Naturwissenschaften einerseits und denen der Geisteswissenschaften und Psychologie andererseits an. Während letztere ihre Studienmotivation bewußt aus der bisherigen Lebensgeschichte begründen und ihre inhaltlichen Interessen mit ihrem sonstigen Leben in Verbindung bringen, haben die Studierenden der Naturwissenschaften häufig mit Menschen und ihren Problemen – auch ihren eigenen – wenig im Sinn. Sie widmen sich statt dessen lieber ganz abgetrennt davon der menschlich unbewohnten Welt fester Gegenstände und eindeutig definierter Prämissen. In den Worten einer von Andrea Frank interviewten Studentin: »Ich glaube auch, daß die psychisch stärkeren Menschen eher in die Geisteswissenschaften gehen ... daß die allerlabilsten in die Mathematik oder in die Informatik gehen ... Die Leute, die Mathematik-Leistungskurs hatten, vor allem Jungen, die Mathe und Physik hatten, das waren die Leute, die was Genaues brauchen, um sich festhalten zu können. Die mit Menschen nicht klarkamen, die auch vor allen Dingen keine Freundin hatten, das war so symptomhaft, daß da mit Mädchen so gar nichts lief.«[5]

Georges Devereux hat in einem vielzitierten und selten befolgten Buch mit dem Titel »Angst und Methode in den Verhaltenswissenschaften«[6] schon 1968 darauf hingewiesen, daß die eigene Person mit ihren Motivationen, Befürchtungen und Hoffnungen in die wissenschaftliche Beschäftigung mit einem Gegenstand, welcher Art auch immer, einfließt. Eine Objektivität, in der das erkennende Subjekt ganz vom Objekt der Erkenntnis getrennt wäre, gibt es nur als Illusion. In vielen Wissenschaften ist sie aber Grundlage der täglichen wissenschaftlichen Arbeit, in der dann die unerkannten und unbewußten Regungen des Subjektes als Eigenschaften des zu erkennenden Gegenstandes gesehen und an ihm bearbeitet werden. Ein Beispiel dafür wäre ein Arzt, der seine Angst vor Schmerz und Trauer verleugnet, dafür aber jede Äußerung dieser Gefühle bei seinen Patienten mit hochdosierten Medikamenten bekämpft. Objektivität ist laut Devereux nicht durch das Ausschalten des Subjektes zu erreichen. Dieser Versuch muß immer scheitern und führt nur zu solchen unbewußten und unerkannten Übertragungen subjektiver Strebungen auf das Objekt.

Dafür gibt es ein eindrucksvolles Beispiel aus der Rechtswissenschaft. Rechtssoziologische Untersuchungen zeigen nämlich immer wieder, daß Juristen »*zuerst* ›das gerechte Ergebnis‹ *suchen* und *danach* die dafür passenden juristischen Argumente«.[7] Das »gerechte Ergebnis« erzielen sie auf die von Devereux beschriebene Weise, indem sie ihre eigene Lebenserfahrung auf den zur Entscheidung stehenden Fall als dessen Eigenschaften projizieren: Sie begeben sich probeweise in die verschiedenen im Fall enthaltenen Rollen und neigen dort zur Identifizierung, »wo immer eine Rolle eine besondere Nähe zur eigenen Lebensgeschichte hat«.[8] Die Partei, mit der sich die rechtsprechende Person am meisten identifiziert, ist dann auch diejenige, die im »gerechten Urteil« siegt. Die Schlußfolgerung aus solchen rechtssoziologischen Untersuchungen bestätigt die allgemeinen

Überlegungen von Devereux: »Der Jurist als Entscheider ist selber in seine Entscheidung verwickelt.«[9]

Laut Devereux besteht das Problem aber nicht darin, daß die Juristen mit ihrer Person in die Entscheidung verwickelt sind. Das Problem ist, daß sie dies abstreiten. Die gesamte Juristenausbildung läuft darauf hinaus. Das hat Wolfgang Schütte in einer umfangreichen und besonders gründlichen Untersuchung über »Die Einübung des juristischen Denkens« herausgefunden: »In der herkömmlichen und überwiegend praktizierten Ausbildung kommt die Person schlicht nicht vor.«[10] Während des Jurastudiums werden die Studierenden sogar von ihrer eigenen Erfahrung weggeleitet und einer rigorosen, theoretischen Rechtsdogmatik angepaßt, die immer so tut, als ob die Entscheidung objektiv und ganz unabhängig von der entscheidenden Person entstünde.[11] Der Initiationsritus in das Fach Jura befestigt also die Illusion von der Objektivität. In der juristischen Praxis entscheiden die Richter und Richterinnen dann in dem festen Glauben, ihre subjektiven Identifikationen seien Ausdruck objektiver Gerechtigkeit.

Nach Devereux müßte das Studium aber genau umgekehrt Anteile enthalten, in denen die Studierenden lernen, sich ihrer Identifikationen bewußt zu werden und zu merken, wo ihre Sichtweise sich von denen anderer unterscheidet. Die Entscheidung von Fällen würde zwar weiterhin dem gleichen Mechanismus unterliegen. Wäre dieser aber bewußt und Gegenstand der Reflexion, könnten die persönlichen Vorlieben und Abneigungen berücksichtigt und von den anderen Elementen des Falles wenigstens zum Teil unterschieden werden.

Das Beispiel verdeutlicht, wie eine solche Berücksichtigung der Person nicht nur für das Wohlbefinden und die Motivation der Studierenden förderlich, sondern auch für die angemessene Behandlung der Gegenstände des Faches unverzichtbar ist. Denn die Person ist nicht nur das Mittel, sondern auch der Ort der Beobachtung. Im Erkenntnisakt stellt das Subjekt eine Beziehung zum Objekt her und registriert die Wirkungen des Objektes auf den eigenen Beobachtungsapparat. Das Beispiel aus der Rechtswissenschaft macht deutlich, daß es gar nicht möglich ist, einen Fall »da draußen«, abgelöst und unabhängig vom urteilenden Richter, zu verhandeln. Es ist immer ein Fall »hier drinnen«, der verhandelt und entschieden wird. Deshalb fordert Gregory Bateson eine »Revision« des wissenschaftlichen Denkens: »Der Beobachter muß in den Brennpunkt der Beobachtung einbezogen sein, und was untersucht werden kann, ist immer eine Beziehung (...). Niemals ein ›Ding‹.«[12]

Die »männliche« und die »weibliche« Seite der Wissenschaft

In der feministischen Wissenschaftskritik ist die Verdinglichung der Wissenschaft als ein von den Personen weit wegliegender, objektiver Prozeß häufig als typisch männlich bezeichnet worden. Die Geschichte der männlichen Wissenschaft schien den Mythos von der Geburt der Athene zu wiederholen. Die Weisheit war vergewaltigt und ermordet worden, damit daraus die sterile Kopfgeburt Wissenschaft werde, die dem Phallokraten Zeus bei der Durchsetzung der Männerherrschaft als willfähriges Werkzeug diente.[13]

In der feministischen Literatur werden weibliche Verhaltensweisen häufig als personenzentriert und das Gefühl berücksichtigend beschrieben. Der Entstehungsprozeß von Wissenschaft ist aber gerade dadurch gekennzeichnet, daß er viele solcher Verhaltensweisen notwendig macht, daß er also sozusagen die »weibliche« Seite der Wissenschaft ist. Der Eindruck einer »männlichen« Wissenschaft entsteht demnach, weil Wissenschaft nur einen Teil ihrer selbst der Öffentlichkeit offenbart. Die »weibliche« Seite, der Entstehungsprozeß, bleibt – aus Angstabwehr – verborgen.

Eine Gegenstrategie nach dem Prinzip »wie studieren und sich nicht verlieren« muß demnach fragen: wie kann ich neben der »männlichen« Seite auch die verborgene,

»weibliche« Seite der Wissenschaft für mich zulassen und nutzen?
Die bewußte und offene Verbindung dieser beiden Seiten des Wissenschaftsprozesses – der personenzentrierten, nicht-hierarchischen, auf Gefühle und freie Assoziationen bedachten Denkweise des Entstehungsprozesses mit der streng hierarchisch-analytischen Denkweise des Rechtfertigungsprozesses – wäre eine ungeheure Bereicherung. Gregory Bateson erklärt ihre Verbindung zum »wertvollsten Werkzeug der Wissenschaft«.[14]
Praktisch heißt das, sich nicht weiter von der Selbstdarstellung der Wissenschaft bluffen zu lassen und zu meinen, der eigenen Lernprozeß müsse nach dem Vorbild des Rechtfertigungsprozesses verlaufen. »Anything goes – Alles ist erlaubt«[15], wie ein anderer Wissenschaftstheoretiker, Paul Feyerabend, im Titel eines Buches schrieb. Alle Assoziationen, alle Methoden der Materialsammlung, des Lesens, alle poetischen Bilder, Vergleiche, Träume, Phantasien und Erinnerungen, die zu einem Thema einfallen, können fruchtbare Perspektiven eröffnen. Im Bild des Bogenschießens: Die Pfeile beim Schießen auf das Ziel dürfen in alle Richtungen fliegen. Erst der nachfolgende Rechtfertigungsprozeß mit seinen strengen Kriterien wird unter ihnen diejenigen auswählen, die zur Klärung der Frage weiterhelfen.
In allen Phasen der wissenschaftlichen Arbeit ist es sinnvoll und möglich, zwischen beiden Denkweisen hin- und herzugehen. Das bringt zum Beispiel einen Wechsel zwischen Nähe und Distanz zum Thema. Es ermöglicht auch den Wechsel zwischen einer verengenden Spezialisierung und dem Blick in die Breite, auf Lösungsmöglichkeiten, die andere Fächer und Wissensgebiete anbieten.[16] So unterschiedliche Perspektiven richten die Aufmerksamkeit auf immer neue Aspekte und stellen das Thema von verschiedenen Seiten in immer neuem Licht dar. Eine solche Verbindung der »männlichen« und »weiblichen« Seiten des Wissenschaftsprozesses im eigenen Denken könnte dann tatsächlich eine wirksame Gegenstrategie gegen das universitäre Hauptproblem

werden: die hochspezialisierte Langeweile – oder, wie es die Studentenbewegung nannte, das Fachidiotentum.

Über die Musik im Studieren

Bei einem Vortrag über Lernmethoden an der Universität spielte ich per Kassettenrekorder eine Arie und Fuge aus dem Magnificat von Johann Sebastian Bach vor. Ich bat die Anwesenden um Konzentration auf alles, was sie während des Abspielens der Musik hörten und dachten. Es stellte sich heraus, daß viele das erste Hören als unangenehm, langwierig oder langweilig empfanden. Einige fanden Gefühle angesprochen, die sie in unmusikalische Gedanken und Erinnerungen abschweifen ließen. Danach übersetzte ich den lateinischen Text und erläuterte seine Funktion in Religion und Liturgie. Schließlich erklärte ich die Kompositionstechnik und ihre Beziehung zum Text anhand der Partitur, die ich mit einem Tageslichtprojektor an die Wand projiziert hatte. Das zweite Hören danach erschien kurzweiliger. Die Aufmerksamkeit war ganz auf die Musik gerichtet, Einzelheiten, Kontraste, auch Schwierigkeiten wurden wahrgenommen, die man vorher überhört hatte. Für viele ging mit dem analytischen Hören allerdings auch ein Teil des Genußes verloren. Erst ein drittes Hören, das auf Partitur und Textvorlage verzichtete, konnte beide Erlebnisweisen der Musik vereinen.
Das erste Hören entspricht dem rein rezeptiven Lesen und Lernen. Ohne eigene Fragestellung und Neugier wird ein vorgegebenes Material zur Kenntnis genommen. Empirische Untersuchungen zum Leseverhalten belegen: wer ohne gezieltes Interesse liest und alles behalten will, versteht und behält weniger als Personen, die beim Lesen des gleichen Textes nur nach der Antwort auf eine einzige Frage suchten. Fragestellungen wirken offenbar wie Greifhaken, an denen mit den Antworten auf die Hauptfrage auch die anderen Informationen im Gedächtnis hängen bleiben.[17]

Das Lesen und Lernen ohne eigene Fragestellung ist also nicht nur ineffektiv. Es ist auch anstrengender, weil Langeweile die Konzentration erschwert. Wie beim ersten Hören der Musik wandern die Gedanken weg. Nur kraß Hervorstechendes kann wahrgenommen und gespeichert werden.
Das zweite Hören der Musik entspricht dem informierten Lesen eines Textes: das eigene Wissen über den Gegenstand steuert unsere Aufnahmebereitschaft. Deshalb ist es immer sinnvoll, sich als Einstieg in ein Thema – auch zur Klärung der Fragestellung – das vorhandene Wissen und persönliche Einschätzungen der Thematik zu vergegenwärtigen. Freilich würde die Überbetonung des Analytischen den Bezug zur eigenen Person einschränken, das inhaltliche Vergnügen also mindern.
Die dritte Weise des Hörens, in dem analytisches und personenzentriertes Hören zusammenkommen, entspricht dem Lesen und Lernen aus einer selbstentwickelten Fragestellung heraus, deren Verbindung mit eigener Lebensgeschichte bewußt ist. Solche Kontexte lassen das wissenschaftliche Arbeiten und Lernen erst zu dem Vergnügen werden, das im Berlinischen mit dem Spruch ausgedrückt wird: »Da ist Musike drin.«
Musik kommt ins Studieren, wenn es gelingt, Fragestellungen zu entwickeln, die lebensgeschichtliche Hintergründe mitthematisieren. Aber auch hier gilt die Regel, daß keine Regel immer stimmt. Es gibt Phasen, da sind ganz fremde, ferne Themen spannend, die keinerlei sichtbare Verbindung zur eigenen Person haben. Dann wieder elektrisiert ein Thema, weil es einen Aspekt der eigenen Lebensgeschichte aufschlüsselt oder weil es eine direkte, praktische Bedeutung hat. Entscheidend ist ein deutliches Gefühl von Neugier, von hochaktiviertem Interesse. Klaus Heinrich würde von einem »erotischen Verhältnis« zum Stoff sprechen, das den Antrieb und die Energie liefert, die unvermeidlichen Frustrationen eines jeden Lernprozesses durchzustehen.
Dann kann die Universität für die eigenen Zwecke genutzt werden. Soweit Lehrveranstaltungen zu den selbst

formulierten Problemlagen passen, können sie mitunter zu kostbaren Steinbrüchen des Wissens werden, in denen sich die harte Arbeit lohnt. Wenn die Lehrenden von Anfang an zeigen, was sie am Thema begeistert und dies nicht um einer falsch verstandenen Didaktik willen verbergen, können Lehrveranstaltungen sogar zu Quellen der Inspiration werden auch ohne solchen direkten Zusammenhang zum selbstgewählten Thema.[18] Ansonsten müssen sie der Form halber bedient werden, sollten aber – aus meiner Sicht – so wenig Zeit wie möglich von der Beschäftigung mit eigenen Fragestellungen abziehen.

Entscheidend: Lesen und Schreiben

Denn Vorlesungen und Seminare, sie mögen noch so gut sein, können nie das selbsttätige Erarbeiten einer Fragestellung ersetzen. Im Bild der Musik: jedes Hören wird vom selber Musizieren an Intensität des Verständnisses und Tiefe des Erlebens überboten. Fürs selbständige »Musizieren« birgt die Institution Universität zwei große Schätze, die meist unentdeckt und ungenutzt brachliegen: die Bestände der Bibliothek und das Wissen der Lehrkräfte. Bibliotheken – egal, wie groß oder klein und unvollständig sie sein mögen – sind eigentlich Aufbewahrungsorte eines unschätzbaren Reichtums von Erfahrungen. In jedem Buch, das dort liegt, stecken jahrelange Überlegungen und Vorarbeiten, Beobachtungen und Berichte über die Welt. Viele von ihnen sind zwar bis zur Unkenntlichkeit und Nutzlosigkeit durch die unterschiedlichen Bluff-Formen der universitären Angstabwehr verunstaltet. Aber es gibt dennoch viele Texte, die Tore zu einem neuen Verständnis der Welt eröffnen können. Schwierig ist natürlich, die Spreu vom Weizen zu trennen. Dabei ist der zweite Schatz von Nutzen – die Lehrkräfte.

Wie sie auch immer an ihre Stelle gekommen sein mögen, sie müssen auf jeden Fall eines geleistet haben: viel lesen. Und weil sie mit ihrem höheren Alter auch schon mehr Zeit gehabt haben zum Lesen, verfügen sie in der Regel über reichliche Literaturkenntnisse. Es kann deshalb außerordentlich produktiv sein, die Sprechstunden der Dozentinnen und Dozenten zu nutzen, mit ihnen das Thema und die Fragestellung zu besprechen und sie um – möglichst ausführlich kommentierte – Literaturhinweise auch zu Grundsatzfragen des Faches zu bitten.

Um das Studium wirklich fruchtbar zu machen, halte ich es für ausgesprochen wichtig, so viel wie möglich zu schreiben, ganz unabhängig davon, ob es von jemandem gelesen wird oder nicht. Entscheidend ist der Prozeß des Schreibens selbst, denn in ihm wird erst deutlich, ob und wie weit etwas verstanden worden ist. Beim Schreiben werden viele, zuvor nur erahnte Gedanken erst richtig klar, und vorschnelle Gewißheiten brechen in sich zusammen. Auch stellt sich durch die schriftliche Formulierung erst heraus, ob ein anvisiertes Problem wirklich eine Frage ist. Oft verwandelt sich die Frage unter der Hand in eine bloße Auflistung der mit der Frage zusammenhängenden, irgendwie interessanten Themen. In ihnen schwimmt man dann beim Schreiben ohne das auswählende Prinzip der Fragestellung wie auf dem von Schelling beschriebenen Ozean des Faches orientierungslos umher.

Aber hier sollte die Institution Universität gegen ihre eigene Entwicklungstendenz gefordert werden. Zwar ist das Schreiben an sich schon wichtig. Es wird aber um ein Vielfaches produktiver, falls die geschriebenen Texte mit Dozentinnen und Dozenten, die über das Thema selbst arbeiten, im Detail durchgegangen werden können. Das gehört zu ihren Dienstaufgaben, ist ihr Beruf. In der Regel müssen sie allerdings durch unermüdliches Nachfragen zur Wahrnehmung dieser Pflichten gezwungen werden. Nur in solchen Gesprächen kann lange vor der Abschlußarbeit ermittelt werden, welche Anpassungen die Universität fordert und welche Standards der Beurteilung von Examensarbeiten zugrunde liegen. Ein möglicher Weg zu einer eigenen, kritischen Position gegen den Anpassungsdruck der Universität bestünde darin, unterschiedliche Fassungen des Textes – die angepaßte Endfassung und eine, die den eigenen Vorstellungen entspricht – mit Freundinnen und Freunden zu diskutieren und sich das »erotische Verhältnis« zum Stoff auf diese Weise zu bewahren.

Arbeitsmethoden

Es gibt eine erfreulich breite Literatur zu Lese- und Lernmethoden allgemein.[19] Sie ist ständig im Fluß, weil die Hirnforschung jedes Jahr neue Erkenntnisse über die Lern- und Gedächtnisfunktionen des menschlichen Großhirns produziert, die allen bekannten uund »bewährten« Methoden widersprechen und sie revolutionieren. Ich möchte deshalb nur einige Hinweise geben, die mir besonders wichtig scheinen.

Einstieg ins Thema

Um sich einen Überblick zu einem Thema zu verschaffen und eine eigene Fragestellung zu finden, ist es sinnvoll, alle Gedanken und alles verborgene Wissen über den Gegenstand auf einem Blatt Papier zu sammeln. Hier zum Beispiel hat die Hirnforschung gezeigt, daß die übliche hierarchisch gegliederte Auflistung quer zu den Funktionen des Gehirn steht. Lernen und Erinnern verläuft assoziativ, sprunghaft und ohne Rangordnung. Daraus wurde die Methode der Mind-maps entwickelt: das Thema steht im Mittelpunkt des Papiers in einem Kreis. Von dort aus werden auf Linien, die wie Strahlen von dem Kreis aus gleichrangig nach allen Seiten gehen, sämtliche Aspekte aufgeschrieben, die zu dem Thema einfallen. Den Aspekten untergeordnete Punkte können auf sich verzweigenden Fortsetzungen der Strahlen eingetragen und um Auflistungen ergänzt werden, die wie Fahnen an den Linien hängen. Beziehungen zwischen den Aspekten lassen sich durch farbige Verbindungslinien verdeutlichen. Am Schluß entsteht ein Bild wie die Landkarte einer Stadt im Mittelpunkt eines verzweigten Netzes von Straßen. Solche Mind-maps (deutsch: Gehirn-Karten, weil sie ein Abbild der Weise sein sollen, in denen das Gehirn Informationen speichert und verknüpft) können problemlos in eine hierarchisch logische Gliederung gebracht werden, indem man den einzelnen »Straßen« Nummern zuordnet, welche die Rang- oder Reihenfolge der Materialien festlegen.

Lesen und Material-Sammeln

Mit dem traditionell systematischen Vorgehen habe ich bisher gute Erfahrungen gemacht. Es fängt mit dem Heraussuchen der Literatur aus Schlagwortkatalogen und Bibliographien an, geht dann zu systematischer Lektüre über, bei der alle interessanten Informationen mit Quellenangabe auf separaten kleinen Karteikarten gesammelt werden und mündet im Schreiben, nachdem die Karteikarten zu einer sinnvollen Gliederung geordnet worden sind.
Es geht aber genauso gut andersherum: Mit dem Schreiben anfangen auf der Grundlage der ersten Mind-map – ohne Rücksicht auf das Material –, und dann zu jedem Gedanken nur das suchen und lesen, was dazu passen könnte. Findet sich etwas, wird es ohne Karteikarte oder sonstige schriftliche Aufzeichnungen gleich in den Text eingebaut. Diese zweite Vorgehensweise habe ich erstmals beim Schreiben dieses Buches angewandt. Sie verlangt starke Nerven und ein gutes Gedächtnis. Folgt man den plötzlichen Eingebungen und Ideen, dann ist sie aber wunderbar chaotisch, höchst spannend, schöpferisch und zeitsparend, denn gezieltes, die Antwort auf eine ganz präzise Frage suchendes Lesen geht viel schneller und ist auch unterhaltsamer als das systematische Durcharbeiten von Texten. Aber auch hier ist es sinnvoll, zwischen beiden Methoden selbst innerhalb einer

Arbeit abzuwechseln. Das gleiche gilt für das Arbeiten in der Gruppe oder allein. Beide Arbeitsweisen haben Vorteile und Kosten, die eben nur durch wechselnde Kombinationen der Arbeitsweisen – je nachdem, was stimmig erscheint – optimiert werden können.

Schreiben

Hier ist es besonders wichtig, sich nicht durch fertige wissenschaftliche Arbeiten bluffen zu lassen und zu meinen, der eigene Text müsse von Anfang an genauso aussehen. Wildes assoziatives Schreiben mit allen literarischen und poetischen Bildern, ohne jeden wissenschaftlichen Anspruch, bildet einen wichtigen Teil der Arbeit. Der andere sind zusammenfassende Darstellungen der gelesenen Literatur mit vielen Zitaten, Quellendiskussionen, Querverweisen und gelehrten Auseinandersetzungen mit den eben gelesenen Texten. Auch hier ist das Hin- und Hergehen zwischen den beiden Teilen zu jedem Zeitpunkt angebracht.

Dem Erfindungsreichtum neuer Methoden und ihrer Mischformen sollten dabei keine Grenzen gesetzt sein. Wichtig sind nach meiner Erfahrung beim Schreiben allein zwei Grundprinzipien: 1. Daß überhaupt geschrieben wird. 2. Daß man zu dem Geschriebenen immer wieder Distanz gewinnen kann.

Zu 1.: Eines der großen Hindernisse beim Schreiben ist der eigene innere Anspruch. Viele Schreibhemmungen, die es manchmal unmöglich machen, überhaupt ein Wort zu Papier zu bringen, entstehen daraus, daß der Rechtfertigungsprozeß als innerer Zensor schon einsetzt, bevor der Entstehungsprozeß überhaupt angefangen hat. Darum müssen die beiden Teile auseinandergehalten werden – vor allem zeitlich. Das Schreiben gehört zum Entstehungsprozeß und ist damit für alle Fehler und Experimente freigegeben. Erst die nachfolgende kritische Lektüre wählt aus.

Zu 2.: Gelingt es, zum eigenen Text immer wieder auf

zeitliche Distanz zu gehen und ihn wie das Produkt einer fremden Person zu lesen, erleichtert dies das Umarbeiten des Textes. Das ist nach meiner Erfahrung ein entscheidendes Mittel, sich die Freude an der Arbeit zu bewahren. Denn Formulierungen, die man nicht fahren lassen und um alles in der Welt in den neuen Text retten will, stehen den Gedanken im Weg und versperren den Zugang zu neuen, genaueren Sätzen. Deshalb entschließe ich mich auch in einem weit fortgeschrittenen Stadium der Arbeit immer wieder zu radikalen Neuanfängen. Der Rechtfertigungsprozeß mit seiner Distanz entscheidet dann, welche der vielen Fassungen gelten soll.

Entscheidend ist bei allen Arbeitsmethoden, daß sie darauf zielen müssen, beiden Seiten des Wissenschaftsprozesses Raum zu geben. Dann kann wissenschaftliches Arbeiten zum aufklärerischen Vergnügen werden.

Prüfungen

Dem stehen aber die Prüfungen entgegen, die ihren Schatten auf das gesamte Studium werfen können. Sie sind der institutionalisierte »wertende Vergleich«, offen und brutal. Sie erzeugen dementsprechend all die Wirkungen, die ich im zweiten Kapitel beschrieben habe: die Prüfung als Ganze wird zum »klugen Gesicht« par excellence, eine beliebig ausdehnbare Projektionsleinwand für das verdinglichte Erleben eigener lebensgeschichtlicher Schädigungen als Forderungen und Urteile der Institution. Die Abwehr der dabei ausgelösten Überforderungs- und Versagensängste nimmt – wiederum je nach lebensgeschichtlicher Prägung – unterschiedliche Formen an. So erwarten Frauen häufiger das Scheitern und verfallen häufiger in Depressivität als Männer, obwohl sie im Durchschnitt bessere Noten erzielen.[20] »Narzißtisch Gestörte« dagegen blühen auf, denn endlich ist die Welt wirklich so, wie sie immer von ihr denken: die sonst scheinbar ständig präsente, aber verborgene Prüfung findet offen statt.

Das für die Prüfung rationale Verhalten liegt in der Regel im Widerspruch zu den Strategien, die ich auf den vorangegangenen Seiten empfohlen habe. Selbstbestimmte, an der eigenen Person orientierte Fragestellungen werden ersetzt durch die vermuteten Fragen der Prüfenden. Alle Elemente des Entstehungsprozesses müssen sorgfältig versteckt, der Rechtfertigungsprozeß muß perfektioniert werden, wie das Beispiel der Diplomarbeit in der Chemie zeigte. Das ist die Gefahr der Prüfung.

Für eine Gegenstrategie ist der Unterschied zu beachten zwischen den mündlichen Prüfungen und Klausuren einerseits, die kurze Episoden sind, und der großen schriftlichen Arbeit andererseits, in der viel Lebenszeit und eigene Gedanken stecken. Dazu möchte ich die Lehre des Bogenschießens in Erinnerung rufen, daß die mit Angstabwehr erreichte Sicherheit immer mit Stillstand und Langeweile bezahlt werden muß. Es geht also insbesondere bei Prüfungen darum, immer wieder neu eine Antwort auf die Frage zu finden: Wieviel kann ich wagen, wo muß ich mich durch Anpassung schützen?

Für die große schriftliche Arbeit ist es auch unter Prüfungsbedingungen möglich, ja eigentlich unverzichtbar, sich einen Entstehungsprozeß mit ganz persönlichen Überlegungen und Fragestellungen zu erlauben. Wer es sich zumuten kann, sollte sich die Anpassungsleistungen des Rechtfertigungsprozesses von der Betreuerin oder dem Betreuer in immer neuen Besprechungen der Arbeit Stück für Stück abfordern lassen.

Mündliche Prüfung und Klausuren dagegen sind kurze, traumatische Episoden, die durchgestanden werden müssen. Sie sind letztlich Rituale, in denen alle Beteiligten, unabhängig davon, was sie denken oder wollen, festgelegte Rollen und Positionen der Macht und Unterwerfung einnehmen.[21] Die Geprüften müssen sich der Tatsache fügen, daß sie in eine Rangliste eingepaßt werden. Die Prüfenden sind die Exekutoren im Urteil des wertenden Vergleichs – und wenn sie noch so freundlich sind. Es ist ein zugleich grausames (für die Prüflinge) und schrecklich langweiliges (für die Prüfenden) Schauspiel.

Zur wirklichen Exekution droht die Prüfung dann zu werden, wenn sie vom Prüfling als Urteil über die ganze Person und nicht bloß über einen winzigen Teilaspekt, das universitäre Wissen, erlebt wird. Bei den Prüfenden ist umgekehrt eine Neigung zur Verschärfung des Prüfungsdruckes angelegt, die in der Versuchung steckt, die eigene Person durch die Prüfung aufzuwerten. Alle machtbesessenen Ausgleichshandlungen für Minderwertigkeitsgefühle des Faches oder der Person können sich hier austoben. Der Pygmalion-Effekt – das Suchen nach dem lebendigen Ebenbild einer idealisierten, längst vergangenen Studentenzeit – mit seinem elitären Blick wirkt in die gleiche Richtung. Das Ergebnis sind dann die – leider häufig anzutreffenden – Prüferinnen und Prüfer, die ihre oft an Sadismus grenzende Arroganz mit der schweren Verantwortung begründen, darauf achten zu müssen, »daß das Niveau gewahrt wird«.
Demgegenüber gibt es inzwischen auch viele Prüferinnen und Prüfer, die auf Menschlichkeit bedacht sind und dennoch den Prüflingen ein realistisches Bild ihrer wissenschaftlichen Leistung vermitteln wollen. Das mag die Grausamkeiten der Prüfung auf das unvermeidliche Minimum reduzieren, die Rollenverteilung und das Machtverhältnis bleiben jedoch bestehen.
Deshalb neige ich zu der Strategie, mündliche Prüfungen und Klausuren als das zu behandeln, was sie sind: ein Schauspiel, in dem alle Beteiligten Rollen spielen, die mit ihnen als realen Personen wenig zu tun haben. Es ist eine Ausnahmesituation, wie wenn jemand im Theater den Hamlet spielt. Er muß davor und danach nicht als Königssohn dem Geiste seines toten Vaters gehorchen oder seine Freundin, Ophelia, in den Selbstmord treiben.
Im normalen Studium muß die eigene Person mit ihren Verwundbarkeiten und Ängsten möglichst bewußt bleiben und sich zeigen können. In der Prüfung wäre das aber selbstzerstörerisch. Dort muß sich die Person allein in ihren Stärken zeigen, garniert mit Bluff, den man im Rollenspiel mit anderen vorher üben kann, zum Überspielen der Schwächen.

Die ungeheure Effektivität wie auch die Gefahren einer solchen Strategie beschreibt das folgende Zitat von Gisela Scheinig aus einem Vortrag über die Situation von Frauen im Ingenieurstudium: »Ich selbst habe einmal, nachdem ich im Radio einen Bericht über Frauen- und Männersprache gehört hatte, ein Experiment gemacht. Ich war zu der Zeit in einem größeren Ingenieurbüro tätig und begleitete meinen Chef zu einer Besprechung. Von Beginn des Gespräches an unterbrach ich die Herren in kurzen Abständen mit Fragen oder sachlichen Ergänzungen. Ich selbst empfand meine Vorgehensweise als fast unverschämt, der Effekt war aber der folgende. Ungefähr nachdem eine halbe Stunde so abgelaufen war, erteilte mir der ranghöchste Herr regelmäßig das Wort, oder mein Chef fragte, Fr. Scheinig, haben Sie dazu noch eine Anmerkung. Ich fand diese Erfahrung sehr lehrreich und scheute mich in späteren Situationen nicht, dieses Verfahren entsprechend einzusetzen. Ich finde es allerdings wichtig, solche Dominanzspiele nicht unreflektiert anzuwenden und nicht zum persönlichen Stil werden zu lassen.«[22]

Fazit

Das Zitat zeigt ein Dilemma auf, das für das gesamte Studium gilt. Anpassung wird nur zu leicht zum »persönlichen Stil«, zum Teil der Person. Aber ohne Anpassung geht es auch nicht, oder nur sehr schwer und mit großen Kosten. Die Gefahr ist dann, sich widerwillig dem Druck zu fügen mit dem inneren Trost, es geschehe nur noch kurze Zeit, bis das erstrebte Ziel, der Abschluß, die Stelle oder sonst etwas, die Möglichkeit zur Selbstbestimmung garantiert. Ein solches Verschieben auf »später« hat die Tendenz, sich zu verewigen. Immer aber ist es vertane Lebenszeit. Ein erfolgreicher Sozialwissenschaftler aus den USA, Gary T. Marx, hat in einem Rückblick auf seinen wissenschaftlichen Lebensweg als wichtigste Lehre beschrieben, wie er gelernt hat, nichts mehr ausschließlich als Mittel für einen späteren Zweck zu tun. Was immer er forscht, schreibt oder sonst tut, meint er, muß bereits während des Tuns interessant genug sein, daß es wert ist, getan zu werden.[23]

Aber selbst dann muß Anpassung erbracht werden, ohne sie ist Lernen nicht möglich. Damit bleibt die Frage: Wann wird erbrachte Anpassung zur Gewohnheit und damit zum persönlichen Stil? Das ist eine andere Fassung der Ausgangsfrage: Wie studieren und sich nicht verlieren? Es gibt darauf keine einfache, zeitlos gültige Antwort. Vielmehr muß das Maß für die stimmige Kombination zwischen Anpassung und Selbstbestimmung immer wieder neu bestimmt und gefunden werden nach der Regel des Bogenschießens: die Entscheidung für Sicherheit bedeutet jeweils Stillstand und Langeweile. Darin steckt für mich auch das Fazit der Universitätsanalyse. Die Angstabwehr verwandelt eine Institution, die ein Ort spannender inhaltlicher Auseinandersetzung sein könnte, in einen Ort bedrückender Isolierung und Langeweile. Die Institution Universität kann sich daher nur dort ändern, wo sich jemand traut, zu tun, was ihn oder sie wirklich interessiert.

Da die Institution Universität aber vermutlich auch in Zukunft – wie schon seit 200 Jahren – durch die Angstabwehr bestimmt bleibt, besteht das Dilemma zwischen Anpassung und Selbstbestimmung fort. Die Gefahr, daß der Bluff zum persönlichen Stil wird, bleibt also bestehen. Sie ist um so größer, je mehr man sich mit der Universität identifiziert. Deshalb sehe ich die Bemerkung einer Biologie-Studentin, die von Andrea Frank gefragt wurde, wie sie ihr Studium mit ihrer Begeisterung für Astrologie vereinen könne, als wichtigen Teil der Antwort auf die Frage, wie studieren und sich nicht verlieren?: »Warum soll das ein Widerspruch sein? Das sind eben zwei Dinge ... Biologie interessiert mich, und sie ist eben eine Wissenschaft, und Astrologie interessiert mich, und sie ist eben keine Wissenschaft ... Es kommt auf den Raum an, in dem du das Wissen siehst und nicht auf das Wissen.«[24]

Andrea Franks Fazit daraus, dem ich mich anschließe und das ich zur Nachahmung empfehle: »Die meisten Studierenden haben keine existentiellen Erwartungen an Wissenschaft. ›Wissenschaft als Lebensform‹ (Mittelstrass) ist nicht gefragt. Man hält sich einige Stunden am Tag dort auf, und dann steht wieder etwas anderes auf dem Programm. Abwechslung tut not, und die Distanz ist groß. (...) Die noch von mir selbst vermuteten Bedürfnisse nach Sinngebung durch die Wissenschaft haben sich längst auf andere Sphären des Lebens verlagert.«[25]

ZUSAMMENFASSUNG

Als Gegenstrategie gegen die mumifizierende Wirkung der Universitat auf alles, was interessant sein könnte, wird von mir vor allem der Wechsel zwischen verschiedenen und gegensätzlichen Strategien vorgeschlagen: Arbeit allein und in der Gruppe, personennah und personenfern, spezialisierend und übergreifend, literarisch-poetisch und analytisch-abstrakt, themennah und distanzierend. Das Ziel ist das bewußte Gleichgewicht im Hin- und Hergehen zwischen dem Entstehungsprozeß der Wissenschaft und ihrem Rechtfertigungsprozeß.

Da der Uni-Bluff aus der Abwehr der Uni-Angst entsteht, ist der einzig gangbare Weg, mit dem vermieden werden kann, daß der Bluff zum untrennbaren Teil der Person, daß man zur Akademikerin oder zum Akademiker wird, das Zulassen der Angst, um zu sehen, daß es möglich ist, auch mit Angst zu handeln. Dabei geht es nicht um Heldentum, sondern darum, im Kontakt mit der eigenen Person und den Gefühlen entscheiden zu können, wieviel Neues, Reizvolles, aber auch Beängstigendes im Augenblick zuträglich ist und wann Sicherheit und Selbstschutz angesagt sind.

Dazu dürfte es hilfreich sein, die lebensgeschichtlichen Gründe für das gewählte Fach und die Wahl der Themenschwerpunkte herauszufinden, denn das Ich ist in allen Wissenschaftsbereichen ein bisher meist unbewußt gebliebener Teil der Methode, der den theoretischen und praktischen Umgang mit dem Gegenstand an zentraler Stelle prägt.

Weil die Institution Universität mit ihrem einschüchternden Niveauzwang aber oft so übermächtig wird, ist es möglicherweise für das »Studieren und sich nicht verlieren« recht nützlich, bei allem Bemühen um ein sinnvolles Studium den Sinn des Lebens doch außerhalb der Universität zu suchen.

ZUM ERSTEN KAPITEL:
Das Problem

1 Helmut Seiffert: »Die Sprache der Wissenschaftler als Imponiergehabe«. In: Deutsche Universitäts Zeitung, DUZ Jg. 34, 1979, H. 21, S. 681.

2 T. Bargel, B. Dippelhofer-Stiem, H. J. Krüger, I. Steimann: »Ist die These vom Wandel der Sozialisation haltbar? – Auf der Suche nach empirischen Anhaltspunkten.« In: Hochschulausbildung, Heft 3, 1984, S. 142f.

3 vgl. T. Bargel, G. Framhein-Peisert, J.-U. Sandberger: Studienerfahrungen und studentische Orientierungen in den 80er Jahren. Trends und Stabilitäten. Drei Erhebungen an Universitäten und Fachhochschulen 1983, 1985 und 1987. Schriftenreihe Studien zu Bildung und Wissenschaft 86. Herausgegeben vom Bundesminister für Bildung und Wissenschaft. Bock, Bonn 1989, S. 312 und 327f.

4 ebda. S. 311.

5 vgl.: H.-J. Krüger, I. Steinmann: »Zur Psychosozialen Lage von Studierenden«. In: Identität und Hochschule – Probleme und Perspektiven studentischer Sozialisation. Hrsg.: Ingrid Sommerkorn. Band 64 Blickpunkt Hochschuldidaktik, Hamburg 1981, S. 20.

6 W. Böker: »Psychische Probleme bei Studierenden – Symptomatik, Ursachen und Behandlungsmöglichkeiten«. In: Zeitschrift für Psychotherapie und medizinische Psychologie, J. 19, H. 4, S. 140.

7 Ruth Großmaß: »Psychische Probleme und Bearbeitungsstrategien bei Studentinnen«. In: Frauen an den Universitäten – Zur Situation von Studentinnnen und Hochschullehrerinnen in der männlichen Wissenschaftshierarchie. Hrsg. Ulla Bock, Anne Braszeit, Christiane Schmerl. Campus Verlag, Frankfurt, New York 1983, S. 44.

8 vgl. Bargel 1989, S. 119f.

9 vgl. H.-J. Krüger, I. Steinmann, S. 22f und 41f.

10 ebda. S. 46.

11 ebda. S. 47.

12 vgl. Bargel 1989, S. 311.
13 Großmaß, S. 42.
14 Beate Klöckner: »Unter lauter Männern«. In: Frauen. Kursbuch 47, Berlin, 1977, S. 27ff.
15 Bargel 1989, S. 110.
16 ebda. S. 115.
17 Bodo von Greiff: »Diogenes falsch verstanden: Tonnenideologie an der Universität«. In: Leviathan – Zeitschrift für Sozialwissenschaft. 19. Jg., Heft 2, 1991, S. 167.
18 Klaus Heinrich: »Zur Geistlosigkeit der Universität heute«. In: Das Argument 173, 1989, S. 15.
19 ebda. S. 14.

ZUM ZWEITEN KAPITEL:
Der Wertende Vergleich

1 vgl. Norbert Elias: Über den Prozeß der Zivilisation – Soziogenetische und psychogenetische Untersuchungen. Zweiter Band: Wandlungen der Gesellschaft – Entwurf zu einer Theorie der Zivilisation. Suhrkamp, Frankfurt/M., 1976, S. 409ff.
2 vgl. Dagmar Schultz: Das Geschlecht läuft immer mit ... Die Arbeitswelt von Professorinnen und Professoren. Centaurus Verlagsgesellschaft, Pfaffenweiler 1991, S. 276. Und: Helga Kotthoff: »Stumm wird frau nicht geboren, stumm wird frau gemacht. Zur sprachlichen Benachteiligung von frauen an Schulen und Hochschulen.« In: Frauen in der Wissenschaft – Dokumentation der Ringvorlesung vom Wintersemester 1985/86 an der Technischen Hochschule Darmstadt. Hrsg. Brigitte Emig. Band 38 der THD-Schriftenreihe Wissenschaft und Technik, Darmstadt 1988.
3 FU-info – Das Magazin der Freien Universität Berlin Nr. 1/1992, S. 15
4 vgl. Karl Marx: Das Kapital – Kritik der politischen Ökonomie. Erster Beand: Der Produktionsprozeß des Kapitals. Marx-Engels-Werke, Band 23, Dietz, Berlin, 1970, S. 49ff.
5 vgl. Gesa Lindemann: »Die Konstruktion des Geschlechts unter der Haut«. Vortrag auf dem Berlin Symposium »Frauenforschung/Feministische Wissenschaft:

Etablierung eines Ausschlußes?« 7.–9.2.1992, veranstaltet durch den AStA der FU Berlin.

6 Kotthoff, S. 93

7 zusammenfassend: Anne Schlüter. « Wenn zwei das Gleiche tun, ist das noch lange nicht dasselbe« – Zur Geschichte und zu heutigen Formen von Frauendiskriminierung in der Wissenschaft.« In: Frauen in der Wissenschaft. Ringvorlesung Wintersemester 85/86 TH Darmstadt. Schriftenreihe Wissenschaft und Technik 38, 1988, S. 160.

8 Sabine Großkopf: Kulturschock und Fremdverhaltensunterricht – Ausländische Studenten in der BRD. Heft 21 – Materialien
Deutsch als Fremdsprache. Hrsg. vom Arbeitskreis Deutsch als Fremdsprache beim DAAD, Regensburg 1982, S. 115ff.

9 aus: Kausar Jabeen Khan: Auslandsstudium als kritisches Lebensereignis – Eine empirische Untersuchung zur psychosozialen Situation ausländischer Studenten in der Bundesrepublik Deutschland. World University Service Verlag für wissenschaftliche Publikationen, Wiesbaden 1988, S. 194.

10 vgl. Dieter Beckhusen, Stefan Bolle, Marion Göhler, Rosemarie Nave-Herz, Ulla Oßwald: Student sein – Ausländer sein – Leben mit Vorurteilen. Bibliotheks- und Informationssystem der Universität Oldenburg, Oldenburg 1983, S. 55f. So auch Ehling, S. 447ff.

11 vgl. Manfred Ehling: Als Ausländer an deutschen Hochschulen – Das Studium von Ausländern in der Bundesrepublik Deutschland – historische, theoretische und soziale Aspekte. World University Service Verlag für wissenschaftliche Publikationen, Wiesbaden 1987, S. 204.

12 Ehling, S. 211

13 vgl. Gabriele Theling: Vielleicht wäre ich als Verkäuferin glücklicher geworden – Arbeitertöchter und Hochschule. Verlag Westfälisches Dampfboot, Münster 1986, S. 47

14 Hannelore Bublitz: Ich gehörte irgendwie so nirgends hin ... Arbeitertöchter an der Hochschule. Focus Verlag, Gießen 1980, S. 90.

15 ebda. S. 267f.

16 vgl. Alice Miller: Das Drama des begabten Kindes und

die Suche nach dem wahren Selbst. Suhrkamp, Frankfurt/M., 1979, S. 63ff.

17 vgl. Sigrum Anselm: Angst und Solidarität – Eine kritische Studie zur Psychoanalyse der Angst. Kindler, München 1979, S. 143ff.

ZUM DRITTEN KAPITEL:
Die Institution

1 F.W.J. Schelling: Vorlesungen über die Methode des akademischen Studiums – Auf der Grundlage des Textes der Ausgabe von Otto Weiß mit Einleitung und Anmerkungen neu herausgegeben von Walter Lehrhardt. Felix Meiner Verlag, Hamburg 1974, S. 23.

2 Rüdiger vom Bruch: »Die deutsche Hochschule in der historischen Forschung«. In: Forschungsgegenstand Hochschule – Überblick und Trendbericht; Hrsg. Dietrich Goldschmidt, Ulrich Teichler, Wolff-Dietrich Webler. Campus, Frankfurt/M., New York 1984, S. 15.

3 vgl. Thomas Ellwein: Die deutsche Universität – vom Mittelalter bis zur Gegenwart. athenäum, Königstein/Ts. 1985, S. 111ff.

4 Claudius Gellert: Vergleich des Studiums an englischen und deutschen Universitäten. Peter Lang Verlag, Frankfurt/M. 1988, S. 24f.

5 vgl. Paul Wetmeyer: A History of American Higher Education. Charles C. Thomas, Springield, Ill. USA, 1985.

6 vgl. Bernd Schwibs: »Erläuterungen zum französischen Hochschulsystem«. In: Pierre Bourdieu: Homo Academicus. Suhrkamp, Frankfurt/M. 1988, S. 437ff.

7 Schelling, S. 25.

8 ebda. S. 27.

9 vgl. Helmut Schelsky: Einsamkeit und Freiheit – Idee und Gestalt der deutschen Unviersität und ihrer Reformen. Rowohlt, Reinbek bei Hamburg 1963, S. 79ff und 117.

10 Gellert, S. 26.

11 Schelling, S. 24.

12 vgl. Wolf-Dieter Narr: Wider die restlose Zerstörung der Universität – Ein Aufruf zu ihrer Neu- und Wiederbelebung. AStA-Magazin, Hochschulpolitische Reihe/Bibliothek. Materialien zu Theorie, Geschichte und Kultur der Hochschulen, Band 4, Berlin 1987.

13 Entscheidungen des Bundesverfassungsgerichtes, Band 35, 1974, S. 79f und S. 127.

14 Andrea Frank: Hochschulsozialisation und akademischer Habitus – Eine Untersuchung am Beispiel der Disziplinen Biologie und Psychologie. Deutscher Studien Verlag, Band 87 der Reihe Blickpunkt Hochschuldidaktik, Weinheim 1990, S. 159.

15 ebda. S. 168.

16 Schelling, S. 6f.

17 aktueller: vgl. Ludwig Huber: Studiensituation heute und Wandel der Studentenrolle. Hrsg. vom Interdisziplinären Zentrum der Universität Hamburg, Hamburg 1985, S. 1 und 34.

18 vgl. Josef Hitpaß, Jürgen Trosien: Leistungsbeurteilung in Hochschulabschlußprüfungen innerhalb von drei Jahrzenten – Wandel von Prüfungsergebnissen und Prüfungserlebnis an deutschen Universitäten. Hrsg. Bundesminister für Bildung und Wissenschaft, Bonn 1987, S. 224ff.

19 T. Bargel, G. Framhein-Peisert, J.-U. Sandberger (vgl. Anmerkung 3 in Kapitel 1), S. 22, 26 und 28. Und: T. Bargel, B. Dippelhofer-Stiem, H.J. Krüger, I. Steimann (vgl. Anmerkung 2 in Kapitel 1), S. 142f.

20 Frank, S. 163.

21 vgl. Robert van Ranke-Graves: Griechische Mythologie – Quellen und Deutung. Rowohlt, Reinbek 1984, S. 189. Den Hinweis auf den Pygmalion-Effekt verdanke ich Marion Fuhrmann.

22 Frank, S. 179.

23 ebda. S. 180f.

24 vgl. Dagmar Schultz: Das Geschlecht läuft immer mit ... Die Arbeitswelt von Professorinnen und Professoren. Centaurus Verlagsgesellschaft, Pfaffenweiler 1991, S. 275f.

25 Frank, S. 146.

26 vgl.: Sonja Kump, Edward Jetten, Zdenko Lapajne, Gunhild Sagmeister, Barbara Dippelhofer-Stiem: »Angst und Erfolgszuversicht in der ersten Hälfte des Studiums«. In: Studentisches Lernen im Kulturvergleich – Ergebnisse einer international vergleichenden Längsschnittstudie zur Hochschulsozialisation. Hrsg. Barbara Dippelhofer-Stiem, Georg Lind, Deutscher Studien Verlag, Weinheim 1987, S. 68ff.

27 Für diese Erkenntnis danke ich den Teilnehmerinnen und Teilnehmern meiner Lehrveranstaltung über »Analyse der Universität als Institution« im Wintersemester 1990/91 am Fachbereich 15 der FU Berlin.
28 Frank, S. 172.
29 ebda. S. 173.
30 Pierre Bourdieu: Die feinen Unterschiede – Kritik der gesellschaftlichen Urteilskraft. Suhrkamp, Frankfurt/M. 1987, S. 14.
31 vgl. Dagmar Schultz, S. 275f.
32 ebda. S. 95.
33 vgl. Angelika Wetterer: »›Es hat sich alles so ergeben, meinen Wünschen entsprechend‹ – Über die Plan-Losigkeit weiblicher Karrieren in der Wissenschaft.« In: Frauen an der Hochschule – Lehren und Lernen im Wissenschaftsbetrieb. (Hrsg.) Bathe u.a., Deutscher Studien Verlag, Band 85 der Reihe Blickpunkt Hochschuldidaktik, Weinheim 1989, S. 142-157.
34 so schildert das Pierre Bourdieu für Frankreich in: Homo academicus. Suhrkamp Verlag , Frankfurt/M. 1988, S. 100ff.
35 Valjavec, Friedrich:«Zwischen Korporatismus und Anarchie: Anatomie der Westdeutschen Ethnologie.« In: Ethnologie als Sozialwissenschaft, Kölner Zeitschrift für Soziologie und Sozialpsychologie, Sonderheft 26, 1984, S.431–477.
36 ebda. S. 463f.
37 ebda. S. 461.
38 ebda. S. 464.
39 diesen Gedanken verdanke ich Wolf-Dieter Narr.
40 Vgl. Science, Band 250, 1990, S. 1331f. Bei der Zahlenangabe sind bereits die 20% Selbstzitate abgezogen.
41 ebda.
42 Derek J. de Solla Price: Little Science, Big Science. Columbia University Press, New York, London, 1963, S. 70 (eigene Übersetzung).
43 vgl. die verschiedenen Versionen der Science Citation Indexes, die in großen Universitätsbibliotheken zu finden sind oder die Aufsätze und Bücher des Erfinders dieser Bibliographiermethode: Eugene Garfield.
44 C. Northcote Parkinson: Parkinsons Gesetz – und andere Untersuchungen über die Verwaltung. Rowohlt, Reinbek 1966, S. 14. Englische Erstausgabe 1957.

45 vgl. sehr viel differenzierter und komplizierter: Jürgen Klüver: Universität und Wissenschaftssystem – Die Entstehung einer Institution durch gesellschaftliche Differenzierung. Campus, Frankfurt/M., New York, 1983.
46 Schelling, S. 5.
47 Valjavec, S. 458.
48 ebda. S. 457.
49 ebda. S. 456f.
50 vgl. Ernst Giese: »Leistungsmessung wissenschaftlicher Hochschulen in der Bundesrepublik Deutschland«. In: Beiträge zur Hochschulforschung 4, 1986, S. 399ff.
51 vgl. Der Spiegel, Heft 50, 1989 und die Leserbriefe dazu Heft 52, 1989 sowie ein Spiegelgespräch über die Methode in Heft 5, 1990.
52 vgl. Osi-Lehre transparent, 2. Teil zu beziehen über: Peter Grottian, Dueppelstr. 14, 1000 Berlin 37.
53 Rüdiger Preißer: »AS beschloß ›flächendeckende‹ Evaluation«, in: TU intern Juli 91, 6, S. 1–2 und Peter Grottian.
54 Kotthoff (vgl. Anmerkung 2 in Kapitel 2), S.94.

ZUM VIERTEN KAPITEL: **Der Wissenschaftsbegriff**

1 vgl. S. Bär: Forschen auf Deutsch – Der Machiavelli für Forscher – und solche, die es noch werden wollen. Verlag Harri Deutsch, Frankfurt/M., Thun, 1992, S. 13ff.
2 vgl. Sigrun Anselm (vgl. Anmerkung 17 in Kapitel 2), S. 94. Den Anstoß, in diese Richtung zu denken, verdanke ich Renate Müller.
3 vgl.: Robert von Ranke-Graves (vgl. Anmerkung 21 in Kapitel 3), S. 38
4 der Zwischentitel spielt auf das witzige und materialreiche Buch an, auf das ich mich in dem Abschnitt stützte, ohne es direkt zu zitieren: Bruno Latour: Science in action – How to follow scientists and engineers through society. Harvard University Press, Cambridge, Massachussetts, 1987.
5 vgl. Franz Stuhlhofer: Lohn und Strafe in der Wissenschaft. (Perspektiven der Wissenschaftsgeschichte, 4) Böhlau, Wien 1988, 2. Kapitel.

6 Ludwik Fleck: Entstehung und Entwicklung einer wissenschaftlichen Tatsache. Einführung in die Lehre vom Denkstil und Denkkollektiv. Suhrkamp, Frankfurt/M. 1980, S. 124.

7 vgl.: Evely Fox Keller: Liebe, Macht und Erkenntnis. Hanser, München, Wien 1986.

8 vgl. Sarah Blaffer Hrdy: The Woman that Never Evolved. Harvard University Press, Cambridge, Mass. etc., 1981 und: Evelyn Fox Keller: »Von den Geheimnissen des Lebens zu den Geheimnissen des Todes«. In: Wege aus der männlichen Wissenschaft. Hrsg. Marianne Krüll, Centaurus, Pfaffenweiler 1990, S. 1ff.

9 D'Studäntin kummt – 100 Jahre Frauen an der Uni Basel. Katalog zur Ausstellung von HistorikerInnen und StudentInnen der Universität Basel. Basel 1990, S. 47f.

10 Fleck, S. 137

11 ebda. S. 60ff.

12 Jürgen Klüver: Die Konstrukiton der sozialen Realität Wissenschaft: Alltag und System. Vieweg, Braunschweig, Wiesbaden (Wissenschaftstheorie, Wissenschaft und Philosophie, 25), 1988, S. 194.

13 ebda. S. 193

14 ebda.

15 Irwin Sperber: Fashions in Science – Opinion Leaders and Collective Behavior in the Social Sciences. University of Minnesota Press, Minneapolis, 1990d, S. 225f (eigene Übersetzung).

16 ein Korrelationskoeffizient r = 0,77 für Erstsemester und 0,70 für höhere Semester ergibt sich, wenn man die Daten aus folgenden beiden Untersuchungen zusammenbringt: Sonja Kump, Edward Jetten, Hdenko Lapaajne, Gundhild Sagmeister, Barbara Dippelhofer-Stiem: »Angst und Erfolgszuversicht in der ersten Hälfte des Studiums«. In: Studentisches Lernen im Kulturvergleich – Ergebnisse einer international vergleichenden Längsschnittstudie zur Hochschulsozialisation. Hrsg. Barbara Dippelhofer-Stiem, Georg Link, Deutscher Studien Verlag, Weinheim 1987, S. 62f; und: Josef Langer, Johann-Ulrich Sandberger: »Zum Wissenschaftsverständnis von Studierenden: Theroetische überlegungen und empirische Befunde.«. In: ebda. S. 97. Für die Überprüfung der Zuverlässigkeit danke ich Bärbl Parson.

17 Heinrich Heine: »Die romantische Schule« und »Zur

Geschichte der Religion und Philosophie in Deutschland«. In: Historisch-kritische Gesamtausgabe, hrsg. Manfred Windfuhr, Hofmann und Campe, Hamburg 1979, Band 8/1, S. 13.

18 ebda. S. 117.

19 ebda. S. 51. Im kritischen Apparat (Band 8/2, S. 852) wird behauptet, eine solche Stelle lasse sich bei Newton nicht finden, dafür aber bei David Hume. Das würde einen verallgemeinerbaren Unterschied zwischen deutschem und englischem Wissenschaftsstil auch schon für jene Zeit zusätzlich belegen. Im übrigen sind Newtons Herleitungen aus beobachteten Erscheinungen durchaus als bewußte Annahmen beschrieben. Besonders deutlich ist das bei der Konstruktion eines alles durchdringenden Äthers, der die Wirkung der Schwerkraft und des Lichtes auf Entfernung vermitteln sollte, eine Annahme, die heute nicht mehr für nötig befunden wird. Vgl. Robert Palter: »Newton and the Inductive Method« und andere Beiträge in dem Sammelband: »The Annus Mirabilis of Sir Isaac Newton – Tricentennial Celebration«. In: The Texas Quarterly, Vol. X, No. 3, 1967.

20 vgl. Anan E. Shapiro: »The Spectre of Newton's ›Spectrum‹.« In: From Ancient Omens to Statistical Mechanics. University Library, Copenhagen, 1987, S. 190.

21 Johan Galtung: »Struktur, Kultur und intellektueller Stil – Ein vergleichender Essay über sachsonische, teutonische, gallische und nipponische Wissenschaft«. In: Leviathan 3/1983, S. 313.

22 ebda. S. 312.

23 ebda. S. 308f.

24 ebda. S. 309f.

25 Kaufmann (1888/96) zitiert nach: Hans-Werner Prahl: Gesellschaftliche Funktionen von akademischen Abschlußprüfungen und Graden – Sozialhistorische und ideologiekritische Untersuchungen zur akademischen Initiationskultur. Doktorarbeit der wirtschafts- und sozialwissenschaftlichen Fakultät der Christian-Albrechts-Universität Kiel, Kiel 1974, S. 116.

26 vgl. Norbert Elias, Der Prozeß der Zivilisation Band 1, 1. Kapitel

27 vgl. Pierre Bourdieu: Homo academicus. Suhrkamp, Frankfurt/M. 1987, S. 139ff und Galtung, S. 321ff.